青春文庫

日本人の9割がつまずく日本語

理由がわかると迷いが消える

話題の達人倶楽部［編］

青春出版社

どちらの表現を使おうか迷ったときに――。
悩ましい〝日本語の壁〟を超える本

普段、会話やメールでよく使っていても、似たような表現のはざまで、ふと言葉の「使い分け」に迷うことがある。では、日本人の多くがつまずく日本語とは？

たとえば、「御社」と「貴社」、「参加」と「参画」など、微妙に違うAとBの選択に迷ったり、「日本（にほん・にっぽん）」のように、読み方が二つ以上あるときや、「はかる（測・量・計）」のように、漢字の表記が複数あるときも、つまずきやすい。

自分で気づかずにつまずくこともあり、有名な慣用句やカタカナ語、数の発音などの中には、半数以上が知らずに誤用している言い回しも少なくない。

本書はこれらの問題を４つのステップで解決。

その都度、ぴったりの言葉が適切に使えたら、話す、書く、読む楽しみがぐっと広がるだろう。もやもやしていた言葉の疑問が、すっきり晴らせる一冊だ。

２０２０年２月

話題の達人倶楽部

日本人の9割がつまずく日本語■目次

Step 1 日本語の「使い分け」でつまずく……17

目　次

目次

Step4

漢字の「書き方」でつまずく …… 181

■DTP　フジマックオフィス
■構成　桜井裕子

Step 1

日本語の「使い分け」でつまずく

いつもなんとなく使い分けている「よく似たAとBの言葉」。
改めて違いを聞かれたら……？
普段、あたりまえにしゃべったり、書いていても、答につまずく。
そんな〝あいまい表現〟の意味を正しく理解し、今こそきちんと使い分けよう。

失笑／冷笑／嘲笑／苦笑

他人を見下すネガティブな笑いはどれ？

「彼女の話に思わず失笑した」と言ったときの胸の内は？

「笑いも出ないくらい呆れちゃった」という解釈なら×、「可笑しすぎて、吹き出しちゃった」なら○。実は、数ある笑いの表現の中でも、誤用が多いのが「失笑」で、相手を見下してあざ笑う意味で使うのは誤り。本当はネガティブな感情はなく、**こらえきれずに息をぷっと吹き出すような笑いが「失笑」**だ。

真にネガティブな笑いなら、**相手をさげすんで冷やかに笑う「冷笑」**、または、相手をからかって**あざけり笑う「嘲笑」**が適切。比較すると、相手を見下す度合いが強いのが「冷笑」で、ちょっと見下すのが「嘲笑」になる。

もう一つ、見下す意味はないものの、**面白くもないのに仕方なく笑うのは「苦笑」**。「上司のおやじギャクに苦笑……」のような表現にはぴったり。

暫時／漸次

よく似ているだけに、混同したまま使っている人続出⁉

この二つの言葉は、ビジネスでもよく使われる。

会議中に「**暫時休憩**します」と言ったり、「販売地域を**漸次拡大**しましょう」と営業戦略をたてることもあるだろう。問題は、両方の文字の印象が似ているのと、漢字だけ見ると解読しづらく、読み方や意味を混同しやすいこと。正しい解釈は、

「暫時」は「ざんじ」と読み、しばらくの間という意味。

「漸次」は「ぜんじ」と読み、しだいに、だんだんという意味。

はっきり違うのに、「暫」と「漸」の漢字の一部が「斬」で、その音読みが「ザン」。なので「漸次拡大」を「ザンジカクダイ」と堂々と言ってしまったりするわけだ。

「暫時休憩《ざんじきゅうけい》」は「しばらくの間休憩」、「漸次拡大《ぜんじかくだい》」は「だんだん拡大する」こと。

今こそ違いを明確にしておこう。

姑息／卑怯

「姑息なヤツ」は「卑怯なヤツ」ではありません

「あいつは姑息なヤツだ」「姑息な手段だ」と言うときの心中は？
「卑怯でズルい奴」という思いがあるなら、その使い方は誤り。「姑息」は誤用がとても多い言葉で、以前、文化庁が行った調査でも、７割以上の人が本来とは違う意味で使っていることがわかった。「姑息＝卑怯」という使い方は×で、正しくは**「姑息＝その場しのぎ、一時のがれで物事をすること」**。

つまり、「姑息な手段」といえば、あくまでその場をしのぐための手段にすぎない。それがなぜ「卑怯＝正々堂々としてない、卑劣でずるい」と同じ意味で使われがちなのか？　理由として、「こそく」が「こそこそ」「こっそり」といった音に似ていること、また、場当たり的な対応が、いいかげんだったり無責任なイメージと重なって悪い印象が強まり、相手を責めるとき使われるようになった可能性もある。

お気遣い／お心遣い
きちんと使い分けたい感謝の伝え方

訪問先で親切に接していただいたり、心のこもったお土産をいただいたりしたので、お礼を言いたい。そんなとき、相手の**配慮**に対して感謝を伝える言葉が、「お気遣いありがとうございます」や「お心遣いに感謝申し上げます」。ほぼ同じ意味だが、**あれこれそつなく気を使っていただいたことに対してなら「気遣い」。特別なやさしさ、思いやりを感じているなら「心遣い」**。

のような使い分けができる。また、**「気遣い」には「気掛かり、心配」、「心遣い」には「祝儀、心付け」といった意味**も含まれるので、一方の言葉だと違和感が出る場面もある。たとえば、自分を心配して声をかけてくれた相手に対しては**「お気遣い」**が、贈り物や金品へのお礼なら**「お心遣い」**がふさわしい。

また、配慮を断ったり遠慮するとき「お気遣いなく」とは言うが、「お心遣いなく」とは言わず、これは明らかな誤用。「気」と「心」のうっかり一字違いに注意。

延期／順延

「雨天順延」で仕切り直す日はいつ？

「雨のため、本日のイベントは3日後に順延となります」という文面、一見すれば「3日後に仕切り直す」という意味はわかるが、より正しく伝えるには「順延」は「延期」に訂正する必要がある。なぜなら、**「順延」とは、「今日がダメなら明日、明日がダメなら明後日」、「今週の日曜がダメなら、翌週の日曜」のように順繰りに延ばしていくこと。一方、「延期」とは、単に予定をあとに延ばすこと。**つまり、「3日後に延ばす」のは〝順繰りに延ばす〟やり方ではないから、この用例は「延期」が正しい。

どちらの言葉も「予定の日時などが延びる」点は同じだが、**「順延」は規則的に先送りする変更。「延期」は規則性がない変更**で、仕切り直しの日時は事前に決めたり、あとで検討したり、状況に応じて変わる。運動会や遠足など、イベントの中止にはよく使う言葉なので、正しく理解しておこう。

参加／参画
立ち上げから加わるか、単に加わるか

「あまり気が乗らないけど、付き合いだから」と、誘われたイベントや集会に出かけることがあれば、それは「参加」であって、「参画」ではない。

既にある集まりに加わるのは「参加」。
事業やプロジェクトに計画段階から加わるのは「参画」。

どちらも「仲間の一員になる」という点は同じだが、計画や企画の「画」の一字を使うと、その運営に初めから積極的にかかわる言葉になる。

進んで市民マラソンに出るのも、義理で会議やセミナーに顔を出すのも、既存の集まりに加わるならば、「参加」になる。

中華料理／中国料理

一字違いで日本式料理になるって本当？

「いつものラーメンと焼き餃子のセットね。ビールもお願いします！」

これは、中国人が知らない日本人特有の中華料理の食べ方。

日本には、〝2タイプの中国の料理〟が存在し、**本場中国の味をそのまま再現したのが「中国料理」**。**本場の味を日本人好みにアレンジしたのが「中華料理」**。のように区分けできる。はっきりした定義はなく同義的に捉えることもあるが、街中には確かに二通りの看板がある。傾向として、「中国料理○○」のような看板を掲げる店では、フカヒレ、北京ダック、飲茶など、生粋の中国料理を提供し、価格はやや高め。「中華料理」を看板にしている店はどちらかといえば庶民派で、人気メニューは〝日本式〟のチャーハンや麻婆豆腐という店も多い。両方味わえるのが日本ならではの楽しみだ。

関東地方／首都圏

境界線の引き方で立場が変わる県とは？

「関東地方」とは、「8地域区分」と呼ばれる日本の一般的な地域区分の一つ。

では、ここに含まれる県名は？

関東地方とは東京都の他、神奈川、埼玉、千葉、群馬、栃木、茨城の「1都6県」。この地域は「首都圏」とも呼ばれるが、関東地方との違いが一つだけある。

1957年に制定された首都圏整備法施行令によると、**首都圏とは「東京都と埼玉県、千葉県、神奈川県、茨城県、栃木県、群馬県及び山梨県の区域とする」**と定義されている。つまり、**山梨県を含まないのが関東地方、含むのが首都圏**だ。

ところで、天気予報を見ると、**「関東・甲信地方」**のくくりで気象情報を発信しているが、こちらは**関東地方に山梨県と長野県を加えた「1都8県」**。1県ずつ増えたり減ったりするのでややこしいが、ここで頭を整理しておこう。

関西／近畿

学校で習ったのは、「2府○県」だった？

大阪、京都を中心としたエリアは「関西」や「近畿」と呼ばれているが、この二つは同じ地域を指すのか、それとも、何か違いがあるのか？

実は、それぞれに含まれる府県について法律上の定義はなく、諸説ある中で、今、いちばん一般的なくくりは、

「関西」は大阪府、京都府、兵庫県、滋賀県、奈良県、和歌山県の「2府4県」。

「近畿」は大阪府、京都府、兵庫県、滋賀県、奈良県、和歌山県、三重県の「2府5県」。

違いはたった1点、鍵を握る三重県を含むか含まないかだ。他に関西を2府8県としたり、福井県を加えて近畿とする場合もあるが、シンプルに覚えることが先。

呼び方で優勢なのは圧倒的に「関西」で、「関西人」「関西弁」などの言葉は親しまれていても「近畿人」や「近畿弁」とは言わない。ただし「近畿」の分類は主に公的機関や教科書などでは優勢で、学校では2府5県で習った人がほとんどだろう。

利子／利息
借りる側か、貸す側かで使い分ける

利子と利息は、どちらもお金を貸し借りしたとき、元本にプラスして払うお礼。

「利子だけ返しているから、借金が減らなくて大変だ」

「利息を安くするので借りていただけませんか？」

のように使うが、この二つの用例から、使い分けの違いは一目瞭然。

借りた場合に支払うのが「利子」。

貸した場合に受け取るのが「利息」。

つまり、ざっくり**「借りる側↓利子、貸した側↓利息」**と覚えておけば間違えない。

ただし、厳密に使い分けされているわけではなく、日常的には同じ意味で使われることも多い。「ローンの利息」のような表現は本来なら×だが、耳にすることは珍しくない。

預金／貯金

どの金融機関に預けたかがポイント

今、メインバンクに預けているのは貯金か、それとも預金か？

この質問には三通りの答えがある。ひとつは「貯金」でもうひとつは「預金」。「どちらでもよい」という人も少なくないだろう。

あまり厳密に使い分ける必要はないが、お金を預ける金融機関によって、呼び方が変わるということは知っておいてもよい。具体的に、

「預金」と呼ぶのは銀行、信用金庫、信用組合、労働金庫など。

「貯金」と呼ぶのは郵便局（ゆうちょ銀行）、農協、漁協など。

これで使い分けはすっきり。都銀や地銀で「普通預金」や「定期預金」と呼んでいるものが、ゆうちょ銀行などでは「通常貯金」や「定期貯金」になる。ただそれだけの違いだ。

御社／貴社
どっちが話し言葉？　どっちが書き言葉？

商談中に「おたくの会社は」のような表現を使えば、社会人失格。「相手の会社」を敬称でさっと言えることは、最低限のマナーだ。

とても簡単なことで、相手の会社を敬った表現はたったの二通り。

話し言葉なら「御社《おんしゃ》」。

書き言葉なら「貴社《きしゃ》」。

これでＯＫ。つまり、会って直接コミュニケーションをとるなら「御社」が、履歴書に記載したりメールの文書を作るなら「貴社」がふさわしい。

どちらを使っても誤りではないが、口語と文語で使い分けられるようになったのは、「貴社」は「記者」や「帰社」など同音の言葉が多く、話すとき使うとまぎらわしいからだ。「きしゃを志望します」と面接で言ったら、「記者志望ね……」そんな勘違いが起こりうるわけで、その点「御社」ならさっと伝わりやすい。

弊社／当社

社内外で使い分けるのが大人の鉄則

「自分が勤めている会社」の呼び方は複数あるが、まずはシンプルに、**社外では、会話も文書も「弊社《へいしゃ》」**。**社内では、会話も文書も「当社《とうしゃ》」**。

この二通りを使い分けることが大切。「弊社」は自社をへりくだった表現なので、商談や取引先とのやり取りに適しているし、「当社」は自分の会社の丁寧な言い回しなので、会議でもレポートでも〝身内用〟なら問題なく使える。

他に「小社《しょうしゃ》」は、「弊社」と同じ社外向きの呼び方だが、「小さな会社」という意味もあるし、「商社」と聞き間違いしやすいので、一般的ではない。

また、「当社」以外の社内向けの呼び方には「自社《じしゃ》」と「わが社」もあり、**「自社」は、社内で自社製品を示すときなどに使うのに対し、「わが社」が使えるのは社長や役員など役職のある目上の人に限られる。**トップが社員に向けて「わが社の業績は」と語るのはよくても、若手社員が使えば赤恥をかくことになりかねない。

おざなり／なおざり
同じ「いいかげん」でもまだマシなのは？

「いい加減な様子」をあらわす二つの言葉。ひらがな四文字の並び順が変わっただけで紛らわしいが、明らかに違う。たとえば、

「忙しいからと、おざなりな仕事をしたAさん」

「忙しいからと、仕事をなおざりにしたBさん」

二人のうち、よりいい加減なのはどっちかというと、答はBさん。なぜなら、

「おざなり」とは適当にやること。

「なおざり」とは何もしないでほおっておくこと。


つまり「おざなり」なAさんは手抜きでもやっつけでも何かしら仕事はしているが、「なおざり」のBさんはほっぽらかして手も付けないわけで、いい加減のレベルは上。形だけでもとりあえず対処したAさんの方が「まだマシ」ということになる。

辛党／甘党

「辛党」と「甘党」の分かれ目があいまいになった理由

「辛～いキムチや激辛スナックが好きだから、ずばり辛党です」

という表現は正しいかというと、答は△。

「辛党」は、そのまま「辛い食べ物が好きな人」と思いがちだが、辞書を引くと、**「辛党＝酒好きな人。甘いものより酒の方を好む人」**のように記載されている。

では甘党は？　やはり**「甘党＝酒よりも（あるいは酒が飲めずに）甘いものを好む人」**のように「酒」を比較対象にした解説のみという辞書も少なくない。

「単なる辛いもの好き＝辛党」、「単なる甘いもの好き＝甘党」と言っても誤りではないが、「辛いもの」の本来の意味は「味付けが濃い・しょっぱい」という程度なので、「激辛好き」というだけでは正真正銘の「辛党」とは言いづらい。

また、最近は「酒も甘いものも好き」な〝両党〟も増え、甘党と辛党の関係が接近しつつある。よく考えて使い分けを。

元旦／元日

どうして「元旦の朝」では誤用になるのか

「元旦の朝、初詣に行った」

この表現は日本語としてどうなのかというと、ちょっと変。

一年の始まりの日をあらわす言葉は二通りあり、もともとの意味は、

「元日」とは1月1日。

「元旦」とは元日の朝。

そう、「元日」が1月1日のまるまる一日を指すのに対し、「元旦」は朝（午前中）のみで、時間制限がある。もともと元旦の「旦」の字は太陽をあらわす「日」と地平線をあらわす「一」から成り、「初日の出」にちなんだ表現とされる。

時代と共に違いを気にしなくなっているものの、重複表現を避けるために、厳密には「元旦の朝」ではなく「元日の朝」とするのが正しい。

小春日和／秋晴れ

「天気のよさ」は共通するが……

「小春日和の暖かな一日ですね」

このような挨拶文を「春」に書いたなら×。言葉のイメージから勘違いしやすいが、**「小春日和」とは「晩秋から初冬（11月～12月上旬）の穏やかで暖かい天気」**のこと。寒さが増すこの時期、たまに移動性高気圧の影響でぽかぽか暖かい日が訪れる。「ああ、まるで春みたいだな」というわけで、「小さな春＝小春」と呼ぶようになったとか。「日和」とは「晴天」の意味。

「秋晴れ」も「小春日和」と同じようなイメージがあるかもしれないが、こちらは文字通り**「秋の空が晴れ渡っていること」**をあらわす。

季節は同じ「秋」でも、**「小春日和＝暖かくて晴れている」「秋晴れ＝暖かい寒いにかかわらず、とにかく晴れている」**という違いがあるわけだ。

凸凹／凹凸
記号のような二つの漢字をめぐる意外な話

文字というより記号のようだが、れっきとした漢字だ。ちょっと不思議な「凸凹」と「凹凸」という言葉は、「凸（トツ）＝でっぱり」と「凹（オウ）＝へこみ」の漢字の組み合わせ。並び順が逆になっただけで、意味は同じ「表面に高低があって平らではない様子」をあらわす。まぎらわしいから、一つにまとめてはどうかと思うかもしれないが、やはり、ちょっとした違いがある。

たとえば「でこぼこコンビ」と言っても、「おうとつコンビ」とは言わないもので、区別のポイントは読み方と使い方。

「凸凹」は「でこぼこ」と訓読みし、かな表記であらわすのが基本。
「凹凸」は「おうとつ」と音読みし、漢字で表記するのが基本。

漢語的表現の「凹凸」は、文章向きなのに対し、ちょっとゆるめの「でこぼこ」という表現は、話し言葉でよく使われる。

寿司／鮨／鮓

表記の違いから読み解く「お寿司」の三つのルーツ

「すし」と書くとき、どの漢字を使っているだろうか？

三つの表記は、「すしの歴史」と共に生まれ、古い順に「鮓↓鮨↓寿司」の流れがある。意味も少しずつ違い、

発酵させて作るすしの元祖「なれ（熟れ）ずし」などを指すのが「鮓」。

主に江戸前系の「握りずし」を指すのが「鮨」。

「寿を司る」の文字通り、おめでたい意味の当て字が「寿司」。

三つめの「寿司」は、江戸末期に縁起かつぎから生まれ、「散らしずし」、「五目ずし」、「いなりずし」などに広く使われ、オールマイティな表記として定着したという。

そこで、表記に迷ったら「寿司」と書けばいい。

店の看板は「寿司」と「鮨」の両方あるが、「鮨」の表記があれば「握りがウリ」と思ってほぼ間違いない。

倹約／節約

お金だけの問題じゃないのはどっち？

「出費が多いから、無駄遣いをやめなきゃ……」

そんなとき、日常的によく使われる二つの言葉が「倹約」と「節約」。「無駄を省く」という点は同じだが、違う点もある。

お金の無駄遣いをやめるのが「倹約」。

お金の他、水や電気などの資源、時間など、より広範囲の無駄を省くのが「節約」。

つまり、「倹約家」は、とにかくお金を切り詰めて出費を減らす人、「節約家」は、「節」の字の通り、何に対しても度を越えないよう自分を律する人、と言える。ただし、倹約しすぎると「ケチ」に、節約しすぎると「節約疲れ」になる。

親族／親戚／身内

「親族」でも「親戚」でもない「身内」とは？

冠婚葬祭では、普段あまり顔を合わせない「親戚」も集まるが、似た言葉に「親族」、「親類」、「身内」などもある。では、「どこからどこまでの人」が含まれるのか？　実は、法律で範囲が決められているのは「親族」のみ。

「親族」とは家族の他、血縁や婚姻関係で結びつきのある人。法律できちっと決められている。

「親戚」とは「親類」と同じ意味で、家族以外で、血縁や婚姻関係で結びつきのある人。法律の定義はなく、その範囲はある程度主観で決められる。

「身内」とは主に家族や親戚。その範囲は主観で決められる。

というわけで、「親族」にかぎっては、「何親等まで」のように、続柄の近さで範囲を示せるが、他は法律による線引きがないので、少々アバウト。親族に含まれなくても、つながりがある人を「遠い親戚」と言うことはできるし、「今回は身内だけで」という集まりに主観で決めた親しい友人が含まれることもあるわけだ。

根本的／抜本的

「根本的」な問題は○、「抜本的」な問題は×

「根本的な改革を行う」と「抜本的な改革を行う」。

この表現はどちらも正しく、行政の場でもよく使われる。だが、「根本的な問題」という言い方はＯＫでも、「抜本的な問題」という使い方は×。そのワケとは？

根本の語源は「木の根元」。その〝**根っこ（物事の基本）そのもの**〟**を指すのが「根本的」**。これに対し、「抜＝取り除く」の意味を含む「抜本的」は、〝**根っこから改める**〟**ことが前提になり、根っこを見るだけのフレーズには使えない**のだ。

「根本的」と比べて使い道が限られるが、「おおもとの原因を抜き去って必ず変える！」という意志を持った言葉が「抜本的」だ。

ヴィンテージ／アンティーク

そもそもどっちが古い？

「これはヴィンテージもので」とか「家具はアンティークがいい」など、日常でもよく使う言葉だが、違いをひと言でいうと？　どちらも骨董品や古着など「古くて価値あるもの」を指すが、明らかに違うのはその年数だ。

「アンティーク」とは製造から100年以上が経過したもの。

「ヴィンテージ」とは製造から100年未満のもの。

つまり、ヴィンテージも古いが、アンティークはもっと古いのだ。

アンティークの年数はアメリカの関税法で定義されているのに対し、ヴィンテージの方はそこまで明確な決まりはないが、20〜30年以上を経て名品になったもの。もともとワインの価値をあらわす言葉が転じ「年代もの」の意味で使われている。

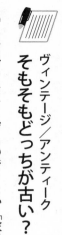

値段／料金／価格／代金

似ているようで微妙に違う「お金」の表現

お金に関する言葉も似たものが多くて悩ましい。中でも同じ意味でよく使われる2パターンの組み合わせから、微妙な違いをチェックしてみよう。

「値段」「価格」は物やサービスの「価値」をお金の量で示したもの。

二つの違いは「値段」が口語的で会話でよく使うのに対し、「価格」はやや改まった表現でどちらかというと文章向き。ビジネスの現場なら後者を使うのが無難。

「料金」「代金」は買い手が売り手に支払うお金。

「料金」は、手数料、紹介料、レンタル料など、主にサービスの利用に対して使い、「代金」は、品物や物件の購入に対して使うことが多い。

それでも使い方に迷ったら？　頼りになるのが広い意味のお金の量を示す**「金額」**。この言葉に置き換えれば間違いない。

明日／翌日

「いつ」の時点を基準にした次の日か、で考える

「次の日」のことを表現するとき、今、目の前にいる人と「明日、仕事が終わったら飲みに行こう」という会話はしても、「翌日、仕事が終わったら飲みに行こう」とは言わないものだ。

無意識に使い分けているが、なぜ「翌日」だと変なのかというと、**「明日」とは「今」を基準にした次の日のこと。「翌日」とは「今以外の過去や未来」を基準にした次の日のこと。**だからだ。要は基準日の違い。「明日」は「今（今日）」が基準なので「夜が明けた次の日」とわかるが、「翌日」だけだと「いつの次の日か」が不明。この場合は「○○の翌日」たとえば「次の会議の翌日」のように言えばいい。基準日を指定すれば、「翌日」は応用が利き、「終戦の日の翌日」のようにぐっと過去に遡っても使える。

来週／翌週／次週

「いつ」の時点を基準にした次の週か、で考える

「次の週」をあらわす言葉の使い分けも、「次の日」と同様に考えればいい。

「来週」は「今（今週）」を基準にした次の週。

「翌週」は「過去や未来のあるとき」を基準にした次の週。

たとえば、「今週（基準は今）は風邪で仕事を休んだから、翌週はがんばろう」は×で「来週はがんばろう」とすれば○。「夏季休暇が終わったら（視点は未来）、来週から仕事復帰だ」は×で「翌週から仕事復帰だ」ならＯＫ。

この通り、「来」と「翌」の一文字違いで時間軸が変わる。この法則は「月」や「年」でもあてはまり、「今」から見た未来について言うなら「来月」や「来年」が、今以外の「ある時点」から見ているなら「翌月」や「翌年」がふさわしい。

昨年／去年

年賀状とお礼状で使ってはいけない二文字は？

意味はまったく同じで、どちらも「今年の前の年」をあらわすが、**ていねいに話したり、書くときは「昨年」。ざっくばらんに話したり、書くときは「去年」**。

という使い分けが必要。つまり、ビジネスや目上の人とのやり取りなら「昨年」を、親しい人との日常会話やメールなら「去年」が適切だ。

特に気をつけたいのが年賀状や礼状の文面。

「昨年（または旧年中）は大変お世話になりました」はOKでも、「去年はお世話になりました」はNG。「去」は「去る」の意味。縁起がよくないと嫌う人もいるため、結婚式などおめでたい席のスピーチで使うのもタブーだ。

逆に、親しい人との会話なら「昨年の旅行、楽しかったね」は堅苦しく、「去年の旅行、楽しかったね」だと印象がやわらかくなる。TPOに合った使い分けを。

祝日／祭日

休みの日になった「理由」が違います

土日以外の休みの日の呼び方、「祝日」と「祭日」どちらを使っているだろうか？

この二つの言葉、よく似ているが、はっきり違う。

「祝日」は法律で定められた休日（日曜日を除く）。

「祭日」は皇室で重要な祭事が行われる日。

つまり、祭日は「祭」の文字が示す通り、宗教的な色合いが濃いが、祝日は宗教的な意味はない。また、「祭日」という呼び方は、戦後の法改正で「休日」の意味では使わなくなり、最近はあまり聞かなくなった。ただし、戦中・戦後を過ごした世代にとっては親しみがあり、しかも、かつて「国民が休む日」でもあった「祭日」の一部が、今も「祝日」として残っているから混同しやすい。

おじいちゃん、おばあちゃんの頭の中では2月11日の「建国記念の日＝紀元節」、11月23日の「勤労感謝の日＝新嘗祭《にいなめさい》」のように祭日名とさっとつながるわけだ。

その姿勢で歩いてみるとよくわかる
かがむ／しゃがむ

「しゃがむ」は、和式トイレを使うときのポーズと重なる。もともと日本人の得意な姿勢で、**腰を落とし、ひざを曲げ、おしりも下げる**のが特徴。

よく似た言葉に「かがむ」もあるが、用例などで比べてみると、使い分けのポイントが一つある。それは「歩けるか、歩けないか」だ。

「前かがみで歩く」という言い回しがあるように、「かがむ」の方は、体を低くしても**腰は落とさない**格好を指すこともあり、

「かがむ」は歩くことができる（または落としすぎない）（おしりの位置は主にひざより上）。

「しゃがむ」は歩くことはできない（おしりの位置は主にひざより下）。

と考えるのが基本。実際にやってみると、かがんだ姿勢なら、ソロリソロリと前進可能。歩けるうちはまだ「しゃがむ手前」ということになる。

ピクニック／ハイキング
同じ意味の言葉のようで、こんなところが違います

ピクニックに絶対欠かせないものといえば「お弁当」。「ピクニック（picnic）」の意味は、野や山で食事をしたり遊んだりすること」なので、サンドイッチでもおにぎりでも、ラクにつまめる軽食がないと始まらない。

一方の「ハイキング（hiking）」は、「hike＝歩く」の言葉通り、自然を楽しみながら歩くこと。本格的な登山とは違い、軽装で行ける範囲の小旅行といった感じだ。

野外で気軽に楽しめる点は同じでも、**ピクニックは食べる、ハイキングは歩く、という目的の違いがあるわけだ。**

もちろん、ピクニックをすれば移動で歩くこともあるし、ハイキングをすればおなかがすいて食事もするが、いちばんの目的に応じて使い分ければいい。

天気／天候

「今日の天候いいね！」はどこが変？

「今日の天気」はニュースで刻々と配信されるし、「今日、天気いいね！」のような言葉を交わすことはよくある。「天気」は「今日」と常にリンクしているが、「今日の天候」や「今日、天候いいね」とは言わないものだ。

このことからわかる通り、「天気」と「天候」で異なるのは、どの期間の情報かということ。どちらも、晴や雨などの空模様や大気の変化をあらわす用語だが、

「天気」は数時間から数日程度の空の様子→短期間。

「天候」は数日から数カ月程度の空の様子→天気より少し長い期間。

という違いがある。そこで、「天候不順で野菜の生育が遅れた」のように、ここ数カ月の大気の影響を伝えるときは「天候」がよく使われる。さらに、天候よりもっと長いスケールで大気の状態をあらわす用語が**「気候」**だ。

裸足／素足
足の裏がどこに触れているかで、使い分ける

「裸足で砂浜を走った」

「素足のままサンダルを履いた」

この二つの用例が違いを知るヒントだ。辞書を見ると「裸足」と「素足」を同義とする記述も多いが、異なる解釈もある。使い分けは、実は簡単。

「裸足」とは、文字通り〝裸〟の足。靴も靴下も履かずに行動するときはこちら。「素足」とは、裸の足に靴を履く。「靴下なし＋外履き」というスタイルならこちら。

どちらも靴下をつけない点は同じだが、足裏が直接地面に触れていたら「裸足」、足裏が靴の中なら「素足」。足裏がどこに接しているかが決め手だ。

冒頭の用例に戻ると「砂浜を走る」ときは、やはり素足より裸足、「サンダルを履く」ときは裸足より素足の方が臨場感を出しやすい。

準備／用意／支度
完了するまでの時間の差でニュアンスが変わる

「用意、ドン」「用意、スタート」など、競技のスタートの合図でもおなじみの「用意」。これが「準備、ドン」だと、やはり違和感がある。では、不測の事態に備えてプールしておく「準備金」を「用意金」にすると？　これも変。

「準備」も「用意」も、意味は「うまくいくよう、前もってやっておく」ことだが、同じ用例で使える場合とそうでない場合がある。使い分けのコツをざっくり言うと、

「用意」はさっと短時間で整える（調える）とき。

「準備」はじっくり時間をかけて整える（調える）とき。

に適している。短距離走とマラソンのような違いで、「ドン」の勢いで、すぐ行動したり、すぐ使うものを用立てるなら「用意」、受験のための勉強や論文の執筆など、まだ先のゴールに向けてじっくり行うなら「準備」がふさわしい。

「支度」という言葉もあるが、こちらは、**「食事の支度」や「旅の支度」など、使える対象が限られる**ので、使い分けは簡単だ。

すいません／すみません

「すいません」の〝軽さ〟はどこからくるのか

謝ったり、お礼をしたり、依頼したりと、いろいろな場面で応用の利く「すみません」と「すいません」。この一字の違いなど、普段はほとんど考えないだろう。

では、正しい言い方は？「すみません」が○。

漢字で書くと「済みません」。ルーツは「済む」で、これを打ち消す「済まぬ」が丁寧な表現になって「済みませぬ」→「すみません」に。さらに口語に変化したのが「すいません」。しゃべりやすい発音に変わったわけで、こちらは会話で使うのはよくても、文書には適さない。つまり、

正確には「すみません」、口語なら「すいません」もOK、ということになる。

ただし、どちらもビジネスメールや目上の人に使うのはタブー。オールマイティなこの言葉は、裏を返せばあいまい表現。心から謝罪するような場面では「申し訳ありませんでした（ございませんでした）」と、気持ちを丁寧に伝えることが大事。

判子／印鑑／印章

「印鑑を押してください」という言い方は×

最近は「判子＝印鑑」の意味で使われることが多いが、厳密にいうとこの二つは別物で、それぞれの意味がある。

「判子（はんこ、ハンコ）」とは「確かに当事者です」と証明するための道具。

「印鑑」とは判子を押した紙に残った文字や絵のこと。

つまり、**「ハンコそのもの」**か**「ハンコを押してできる印（印影とも）」**か、という違いがあるわけだ。本来の意味に従えば、名前を彫刻したあの棒状の本体が「判子」なので、「ここに印鑑を押してください」という言い方は×で、「判子を押してください」が○になる。「印章」という言葉もあるが、これは判子の正式名のこと。

押印／捺印

手書きで記した氏名に押すのはどっち？

契約書などにペタンと判子を押すとき、「こちらに押印をお願いします」「捺印してください」のように言うが「判子を押す」の意味はまったく同じで「押捺」という言葉もあるほど。そこで、区別せず使うこともあるが、正式には使い分けのポイントがある。

同じハンコを使っても**「署名（自筆サイン）」に押すときは「捺印」、「記名（自筆以外のサイン）」に押すときは「押印」と言う。つまり、サインの形式によって呼び方が変わる**ということ（「署名」と「記名」の違いは次項を参照）。**「署名＋捺印」**、**「記名＋押印」**のように、ペアで覚えておけば、明快。

署名／記名

カードで買い物したときに記したサインはどっち？

前項からの流れで、名前の表記について少し詳しく見て行くと、

「署名」とは本人の手書きで氏名を記すこと（自署）。

「記名」とは手書き以外の方法で氏名を記すこと。

そう、手書きかそうでないかの違い。手書き以外の「記名」の方法には、他者による代筆、パソコンなどで入力・印刷した活字、ゴム印などがある。

カードで買い物をしたとき求められる「サイン」もあるが、こちらは「署名」とイコールの関係。自署を英語に置き換えただけで、意味は同じだ。

「メールに入れる署名は自筆ではないけど？」と思った方、署名という言葉には「本人が書き記したもの」の意味もあるので、この場合は「署名」で誤りではない。

重い／重たい
「た」が入るかどうかで重さが変わる⁉

ほぼ同義の言葉だが、状況次第で「重たい」の方がピタリとくる場合もある。

たとえば、モノを手に持って〝ずしり〟と重みを感じた瞬間、「わっ、重たいね～」と言ったり、大盛りの料理を前に「胃に重たそう……」とつぶやいたり。話し言葉ほど「重たい」を使いがちで、その場合、「(重くて) 辛い、しんどい、嫌だなぁ」といった不快感を伴うことが多い。つまり、

単に重いときは「重い」。

重いことが辛く感じると「重たい」。

そんな違いが見えてくる。厳密な使い分けルールはないが、「た」の一字が入ると心身の苦痛が加算され、**「重たい＞重い」**という印象になる。

他に、「眠い」と「眠たい」、「煙い」と「煙たい」なども、「た」がある方が辛い気持ちが感覚的には強くなる。普段は無意識に使い分けているのだが。

コンサート／リサイタル
音楽のジャンルによって使い分ける

コンサートもリサイタルも「演奏会」をあらわす言葉だが、改めて聞かれると違いがわかりにくい面もある。先にざっくり違いを言うと、

「コンサート」とは多人数の奏者や歌手による演奏会、音楽会。
「リサイタル」とは一人もしくは少人数による独奏会、独唱会。

つまり、大きな違いは人数。「でも、アイドル歌手のソロ・コンサートもあるけど……」と思った方、そう、二つの用語で区別するのは主にクラシック音楽の場合。オーケストラやオペラなどは「コンサート」、ピアニストなどアーチスト一人による演奏は「リサイタル」、二人なら「ジョイント・リサイタル」と呼ぶこともある。

ただし、他のジャンルは、ポップスでもロックでも、人数にかかわらず「コンサート」または、生演奏を意味する「ライブ」と言うことが多い。気になる音楽チケットがあれば、さっそくタイトルをチェックしてみよう。

自首／出頭

容疑者の顔が割れる前か、後かが分かれ道

「近所に住んでいた男が、指名手配された」

「さっさと自首してほしいな……」

この会話には、一つ誤りがある。手配中の犯人は自首できないからだ。

「自首」とは、犯罪の事実や容疑者がわからない段階で、「自分が犯人だ」と捜査機関に名乗り出ること。「出頭」とは、容疑者が特定されたあとに出向くこと。

要は**「面が割れる前」なら「自首」、「面が割れたあと」なら「出頭」**になる。

そこで冒頭の会話だが、犯人はすでに指名手配中で面が割れているので、この場合は「自首」は×で「出頭」が正しい。自首は法律上の減刑理由になるのに対し、出頭は減刑の決め手にはならないが、状況次第で有利に働くこともある。

日本の警察の仕組みから考える

警視庁／警察庁

よく似た名称で紛らわしいが、まずは基礎知識から。

日本の警察は「1　国が仕切っている機関」と「2　各都道府県が仕切っている機関」の二つから成り、「警察庁」は1、「警視庁」は2に当たる。2の機関は、全国47都道府県ごとに本部があり、神奈川県警察本部、大阪府警察本部のように呼ばれている。ただし、首都の東京都は特別で、他の道府県と区別するために「○○警察本部」ではなく「警視庁」と呼ばれている。これら、全国各地の警察機関の総指揮をとっているのが国の機関「警察庁」だ。まとめると、

「警視庁」は、東京都の警察機関で、トップは「警視総監」。

「警察庁」は、東京都はじめ、全国の警察機関をまとめるボス役で、トップは「警察庁長官」。このボスの上で警察庁を管理しているのが**「国家公安委員会」**だ。

交番／派出所／駐在所

時代が変われば、呼び方も変わる

三つのうち、**交番と派出所の二つの意味は同じ。制服を着た「おまわりさん」が交代で業務にあたる場所**で、「派出所」は、人気コミックのタイトルでもお馴染み。

なぜ二つの名があるかといえば、時代と共に呼び方が変わったからだ。

設置された明治の初め頃は「交番所」だったが、やがて「派出所」に改称、さらに警察法改正で「交番」に変更という経緯から、新旧の呼び方が混同しやすいが、現在の正式名は「交番」。ただし、古い呼び名も残っていて、今も重要なサミットやシーズン中の観光地などで、「期間限定の派出所」が設置されることがある。

「駐在所」も交番と役割は同じだが、交代制ではなく、基本的に**一人の警察官が住み込みで地域の安全を守るところ**。つまり「居住スペースあり」の施設で、山間部や離島などの過疎地域に置かれることが多い。交番にあるのは「仮眠スペース」のみだ。

義援金／支援金

誰に届けられ、何に使われるお金なのか

地震や豪雨などの災害時にはさまざまな団体が寄付金を募るが、「義援金」もあれば「支援金」もあり、どこに寄付すればいいか迷いがち。言葉はよく似ていても、お金の流れも使い道も異なるので、違いを知ってから選ぶことが大事。

まず、**被災者に直接届けられるお金が「義援金」。一方、被災地で活動するNPOやボランティア団体に渡るお金が「支援金」**。

「義援金」の窓口は、日本赤十字社をはじめ、被災地の自治体、TV局などで、その総額は協議を経て被災者一人一人に分配され、生活の再建に充てられる。

「支援金」の方は、それぞれの団体が募集して使い道を決め、人命救助やインフラ整備、衣類などの支援物資の購入など、今すぐ求められる〝支援〟や復旧活動に役立てられる。困難な生活を支えることは同じだが、それぞれのお金の流れを理解し、目的に合った対応を。

赤／紅／朱／茜色

鮮やかな赤から、落ち着いた赤まで、ピッタリな表現は？

一口に「赤」といっても、いくつもの色調があり、トマトとイチゴの色だけ比べても微妙に違う。赤系統の表現の中でも代表的な呼び方はもちろん「赤」だが、ストレートな赤とは違うニュアンスを伝えるには？

よく使う赤色の表現といえば、紅、朱などがあるが、使い方のコツとして、

鮮やかな赤なら「紅」。
黄ばんだ赤なら「朱」。
やや暗めの赤なら「茜色」・

のように、ひとことで特徴をとらえておくと実践的。まっかに燃えるような赤を強調したいときに「〝紅〟の字を使おう」と思えるわけだ。

終日／全日

「全日」は一日中という意味ではおさまらない

職場で「終日不在」といえば、「今日はずっと会社の外」の意味。

この「終日」という言葉、もともと「日の終わるまで＝日が昇ってから沈むまで（夜間を除く一日中ずっと）」という意味だったが、今は**「活動時間や営業時間はずっと」**の意味で使われている。「何時から何時」という定義はないので、個々の仕事や活動状況で「一日中」の時間帯が微妙に変わるのだ。

「全日」も似た言葉だが、「一日中」の他に「毎日・すべての日」の意味でよく使われる。たとえば、「年末年始は全日セールを開催」なら「年末年始の期間中は毎日セールです」という意味になる。

「終日」は一日中ずっと。

「全日」は一日中＋毎日ずっと。

と覚えれば簡単。

ハッカー／クラッカー

高度な技術を悪いことに使うのはどっち？

「ハッカー」と聞いて、〝悪者〟をイメージする人は少なくないだろう。

実際、企業や国のコンピュータに侵入して悪事を働く人を「ハッカー」、複数なら「ハッカー集団」と呼ぶことがあるが、実は誤り。本当は、サイバーテロの真犯人は「クラッカー」が正しい。ところがハッカーもクラッカーも、「高度なコンピュータ技術」を持っている点は同じだし、クラッカーの呼び方があまり一般的ではないため、誤解されやすい。だが、両者の違いは、はっきりしている。

高度なコンピュータ技術をよいことに使う人が「ハッカー」。

高度なコンピュータ技術を悪いことに使う人が「クラッカー」。

有能なハッカーも、悪事を働けば、一転してクラッカーになる可能性もある。

不正アクセス、データの窃盗・破壊・改ざん、コンピュータウイルスの感染……こうした被害にあえば「しまった！　クラッカーにやられた」ということになる。

カロリーゼロ／カロリーオフ

あいまいな栄養成分表示を迷わず見分けるコツ

ダイエットや健康を考えたとき、気になるのがカロリー「ゼロ」や「オフ」の表示だが、まず違い＝カロリーを簡単に言うと、

「カロリーゼロ」はカロリーを含まないもの。

「カロリーオフ」はカロリーが少ないもの。

ただし、「ゼロ＝完璧ゼロ」ではない。ここ、大事なところで、「健康増進法」に基づく表示ルールでは、**食品１００ｇ、飲料１００mlあたりが５ｋｃａｌ未満だと「カロリーゼロ」。食品１００ｇあたり40ｋｃａｌ以下、飲料１００mlあたり20ｋｃａｌ以下だと「カロリーオフ」**と決められている。

つまり、基準値さえ満たせば「カロリーゼロ」を名乗れるわけだ。他に、「低」「ひかえめ」「少」「ライト」などは「オフ」と同じ意味、「無」「ノン」「レス」は「ゼロ」と同じ意味。まぎらわしいが、そのままシンプルに記憶すれば、必要なものをさっと選べる。

せんべい／おかき

「おもち」に近いものか、「ごはん」に近いものか

「今食べたおやつは、せんべい？　それともおかき？」

いきなり聞かれたら、戸惑いそうだが、食感も見た目もよく似た両者には、決定的な違いが一つある。

「せんべい」はごはんと同じうるち米で作ったもの。

「おかき」はおもちと同じもち米で作ったもの。

そう、原料が違うのだ。「せんべい」は、お米を粉にして練ってから焼くのに対し、「おかき」は、おもちを薄く切って干してから焼く。だから、おかきは「かきもち」とも呼ばれる。そしてもう一つ、おかきの弟や妹のような存在が「あられ」。サイズが小さいだけで、原料や製法はおかきと同じだ。

パンケーキ／ホットケーキ

海外で「ホットケーキ」といっても通じない

「パンケーキ」専門店に行くと、甘いスイーツ系から食事系までメニューも生地の厚さや食感もさまざま。他国では小麦粉の生地をフライパンで焼いたものは、すべてパンケーキと呼び、実はホットケーキもパンケーキの一種だ。

そもそも、この国に初登場したときの名が「ハットケーキ（熱いケーキ）」。転じて「ホットケーキ」という日本独自の名が生まれ、蜂蜜やバターで楽しむスイーツとして定着したため、別物に見られがちなのだ。

市販の材料で比較すると、**「ホットケーキミックス」は甘みがあるスイーツ系で生地はふんわり、「パンケーキミックス」は甘さを抑えた食事系**、といった傾向がみられ、ベーキングパウダーの量や甘みの差で違いを出している。厳密な定義はないのでメーカーや店によって異なるが、「すべてパンケーキ」が結論だ。

カフェ／喫茶店

本当は「喫茶店」なのに「カフェ」と名乗れる裏事情

何となくのイメージで区別されがちだが、この2タイプの店は、開店時に取得する「営業許可」の種類が違う。法的な線引きがあるわけで、「カフェ」なら「飲食店営業」、「喫茶店」なら「喫茶店営業」の許可を取る必要があるのだ。違いは、

飲食店営業の「カフェ」は、食事やアルコールが提供できる。

喫茶店営業の「喫茶店」は、アルコール以外の飲み物、茶菓の提供ができる。

分かれ目はお酒があるかないか。「でも、アルコールが飲める喫茶店や、アルコールなしのカフェもあるような……？」。実はそれ、珍しいケースではない。

なぜなら、上記の業務内容さえ守れば、店名は自由につけることができ、喫茶店営業の店が「カフェ○○○」と名乗ったり、飲食店営業の店が「喫茶×××」と名乗っていいからだ。そんなややこしい事情から、店名だけ見ても「カフェ（飲食店）」か「喫茶店」かの判別はしづらい。客としては、味と居心地さえよければどちらでもいいのだが。

つかれる／くたびれる

Tシャツは「くたびれる」けど「疲れない」

「ふぅ、疲れたっ」「ああ、くたびれた～」

二つの言葉の意味はほとんど同じだが、微妙なニュアンスの違いも。**「くたびれた」は、試合などで肉体をとことん追い込んだ直後のヘナヘナ感、ヘトヘト感を示す傾向があり、**「心が疲れる」や「人生に疲れる」とは言っても、「心がくたびれる」「人生にくたびれる」とはあまり言わない。

逆に、使い込んでヨレヨレになったモノや衣類を、**比喩的に「くたびれたTシャツ」や「くたびれたカバン」と表現しても、「疲れたシャツ」や「疲れたカバン」とは言わないものだ。**「くたびれた」に込められた極度な肉体疲労感が、〝使い古したモノ〟とリンクしやすいわけだ。

おにぎり／おむすび
〝三角〟の形とその名前をめぐる物語

試しに、コンビニの商品名をチェックしてみると、「〇〇おにぎり」もあれば「〇〇おむすび」もあり、形も具材も海苔の巻き方も多彩。

二つの呼び名の違いについては、諸説あり、

三角に握ったのが「おむすび」で、形にこだわらないのが「おにぎり」説。

地域差があり、日本の多くの地域では「おにぎり」、関東〜東海道地域は「おむすび」と呼ぶという説など。

日本人は弥生時代からごはんを握って食べていた形跡があり、長い歴史の中でさまざまなストーリーが生まれた。

「おむすびは三角」説は、山の神の力を授かるため〝山型〟に米を握ったのが始まりとも言われるが、**現在は形や地域にこだわらず、どちらで呼んでもよい。絶対コレという正解はないので、「おにぎり＝おむすび」と考えてかまわない。**

朝から／朝っぱらから

「ぱら」が入ると、意味はどう変わる？

「朝っぱらから、騒がしいな」「こんな朝っぱらから、電話だ」のように、「朝っぱら」には、迷惑さや驚きの感情が込められることが多い。そのワケと「朝から」との違いは、「ぱら」の意味から解き明かせる。

漢字にすると「ぱら」は「腹」。もともと「朝腹＝朝食前のお腹がへった状態」を指し、それが「朝っぱら」に転じて「早朝」の意味になった。朝は前の食事との間隔があくので「空腹」を強める言葉だったが、いつしか「朝食前ほど早い時間」を指す言葉に変わっていったのだ。そこで、同じ朝でも、

単なる朝の話題なら「朝から」。

極めて早い時間帯を強調するなら「朝っぱらから」。

のような使い分けが正しい。正午近くなって「朝っぱら」とは言わない。

病院／診療所／医院／クリニック

近所の「かかりつけ医」は病院ではない？

「ちょっと風邪気味だから、駅前の病院に行ってくる」

「駅前の？　『○○クリニック』ね……」

　体調がすぐれないとき、身近な人とこんな会話を交わすこともあるだろう。ただし、「○○クリニック」は、厳密には「病院」ではなく「診療所」に該当する。日本のすべての医療機関は、法律で「病院」と「診療所」の2種類に分類され、圧倒的多数は後者だ。大きな違いは患者さんが入院できるベッドの数。

「病院」は入院用のベッド数が20床以上。

「診療所」は入院施設がないか、あってもベッド数が19床以下。

と決められている。規模の大きさで呼び名が変わるのだ。

　外観から見分けるコツとして、「○○病院」「○○総合病院」とあれば「病院」で、その他は基本的に診療所になる。「○○クリニック」「○○医院」「○○内科」など、いろいろな名称があるが、これらはすべて診療所の〝通称〟と考えればいい。

常務／専務

現場に近い役員か、社長に近い役員か

一般社員からすると、会社のトップにいて、話しかけづらいイメージがあるかもしれない。常務、専務といえば、会社の重要な意思決定をする「取締役会」のメンバーで、執行権を持つ〝重役〟。だが、法的には「代表取締役」と「取締役」を区別するだけで、専務、常務という役職についての規定はない。そこで、どちらのポジションが上といった決まりもないのだが、一般的な定義では、

「常務」は日常業務もこなしながら、社長を補佐する役員。

「専務」は社長の補佐を主に、会社の管理や監督業務を行う役員。

のような違いがあり、常務はどちらかといえば現場寄り、専務はより社長に近しい関係という見方ができる。そこで、「専務が上」と位置づけられている会社が多いが、企業ごとに異なることも忘れてはいけない。いざというとき、席の配置やお茶を出す順番を間違えて「しまった」ということにならないように。

煮詰まる／行き詰まる

同じ「詰まる」でも意味は逆です

いくら考えてもアイデアが浮かばないとき「ああ、煮詰まってしまった〜」と苦しい状況を言葉にしたなら、それは誤り。適切なのは「行き詰まってしまった」だ。

「煮詰まる」とは意見やアイデアが十分出て、結論が見えてきた状態。

「行き詰まる」とは事がうまく運ばず、動きが取れない状態。

なので、本来は**「煮詰まる＝ゴールはすぐそこ」**、**「行き詰まる＝ゴールはまったく見えない」**というほど正反対の意味を持つ。

それなのに「煮詰まる」を「行き詰まってもうお手上げ」というタイミングで使いがちなワケとは？　真偽はさておき、「詰まる」に「先に進めなくなる」という意味があること、また、「煮詰まる」から焦げ付きなどの「料理の失敗」を連想しやすいため、ネガティブな意味の誤用が広がったという説もある。

最近／昨今／この頃
言い換えてもいいケース、いけないケース

近い過去から現在までの時間を指す言葉は複数あるが、「いつからいつまで」という決まりはないので、違いが漠然としている。ざっくり言うと、**「最近」は数年・数カ月前〜ここ数日・現在までを指す。**他に「最近、○○君にばったり会ったよ」のように、近い過去の一度かぎりの出来事もあらわせる。

「昨今」は「最近」や「近頃」とほぼイコールだが、やや堅い表現で文章やニュース向き。「昨今、ジムに通い始めたんだ……」と口語で使うとちょっと変。

「この頃」は少し前〜現在まで。日を単位とした過去を指すことが多く、時間的なスケールは「最近」や「昨今」より小さい。

つまり、いちばん広い用途で使えるのが「最近」、かちっと表現するなら「昨今」や「近頃」、ごく最近のことなら「この頃」を使うと的確な表現になる。

いろいろ／さまざま

厳密な使い分けルールはないけれど

「このカフェにはいろいろなメニューが揃っている」といえば、多彩な料理やドリンクをイメージでき、「いろいろ」を「さまざま」に置き換えても意味は通じる。どちらも〝違ったあれこれ〟を指すが、置き換えられない場合もある。その違いとは？

「いろいろ（色色）」は、漢字が示す通り、違ったカラーがたくさんあること。つまり、数や種類の多さをあらわし、話し言葉向き。

「さまざま（様様）」は、一つ一つ異なることに重点を置いた言葉で、文語的。

なので、使い分ける場合、**たくさんある様子を強調するなら「いろいろ」、それぞれ違う様子を強調したり、やや堅いビジネス文書などは「さまざま」**を使う。

たとえば「いろいろお世話になりました」といえば、たくさんのことでお世話になった感謝の気持ちを伝えられるし（「さまざま」に置き換えると変）、「さまざまな考え方がある」と書けば、個々の考え方の違いを強調できる。厳密なルールはないが、どこに重きを置くか、口語か文語かを考えながら使い分けを。

縄／綱

同じ長いひもでも、強度と太さが違う

「なわとび」の「縄」と、「つなひき」の「綱」、どちらも〝長いひも状〟でよく似ているが、違いは見た目でわかる。

「縄」は細くて長い（強度は低）。
「綱」は太くて長い（強度は高）。

サイズの規定はないので境界線はあいまいだが、太くなるほど頑丈な綱に近づき、「命綱」と言うように、綱はちょっとやそっとでは切れない強度が求められる。これに対し、「縄」は身近なものを結んだりしばったりするとき使うので、ハサミで切れるくらいのほどほどの強度が求められる。

ベースはどちらも植物繊維（わらや麻など）をより合わせた糸で、この糸をさらにより合わせて作るのが「縄」、糸の量を増やして太くより合わせて作るのが「綱」。参考までに、糸より太く綱や縄より細いのが「ひも」で、「糸→ひも→縄→綱」の順に太く強くなっていく。

川の右岸／川の左岸

どっちをむくかで、右にも左にもなるが……

山歩きや旅の本などでも見かける「右岸」や「左岸」の文字。「あれっ、どっちが右でどっちが左？」と思ったら、いざというとき道に迷うリスクあり。

見分け方は簡単で、大切なのは立ち位置。ポイントだけ言うと、**山を背に海（河口）に向かって立ち、川の上流から下流（上から下）を見る。その立ち位置から見て右側が「右岸」、左側が「左岸」。これでOK！**

川の流れの向き（上流から下流）で左右を決めるやり方は、世界共通なので、一度しっかり頭に入れておけば、どこに行っても大丈夫。

景色／風景／景観

眼に映るのは大自然か、人が行きかう街並みか

「景」の字がつく三つの言葉。似た印象だが、身近な用例から読み解くと、違いが見えてくる。たとえば、「通勤風景」とは言っても「通勤景色」とは言わないし、「家族の風景」を「家族の景色」に置き換えると違和感がある。使い分け方として、

「景色」は山や海など自然の眺め。

「風景」は自然の他、街や人の様子なども含む眺め。

つまり、自然に特化した表現が「景色」、自然以外の広い範囲の眺めもあらわすのが「風景」。だから、通勤や家族の様子を語るなら「景色」より「風景」なのだ。

もう一つの**「景観」は、景色、風景の中でも特にすぐれた風情ある眺め**のこと。こちらは「アルプスの雄大な景観」、「都市の景観美」など、自然から人工的な都市の街並みまで表現できる。とびきり美しい景色、風景に出会ったら、それが「景観」になるわけだ。

万一／万が一
「が」が入るかどうかで、印象はどう変わる？

A「**万一**《まんいち》、雨が降ったらどうしよう……」
B「**万**《まん》**が一**《いち》の災害に備えて、非常食を用意する」

など、どちらも**万に一つというほど「めったにないこと」**をあらわすが、真ん中に「が」が入るのと入らないのとでは何が違うのか？

結論から言うと、意味は同じ。ただし、「万一」を強めて言う表現が「万が一」とする解釈もあり、その場合は「万一＜万が一」というニュアンスになる。

「万一」の強調表現には**「万々一《まんまんいち》」**という言い方もあり、辞書にも記載がある。たとえば、発生したら甚大な被害を被るようなケース（例文ならB）では、「万々一」を使えば、もしものときのリスクや注意喚起を印象づけられる。

落花生／南京豆／ピーナッツ
まずは「殻つき」かどうかで考える

おやつやビールのおつまみでも好まれる「ピーナッツ」は、「落花生」、「南京豆」とも言う。植物上の分類は、実はまったく同じで「マメ亜科ラッカセイ属の一年草」だ。ただし、生産過程や利用法で呼び方が変わるため、別物のように思えたりして、ややこしい。ここで整理しておくと、

「落花生」は植物としての名称でもあり、殻つきの状態ではこう呼ぶことが多い。「南京豆」は殻をはずして薄皮だけになった状態では、この呼び方が多くなる。江戸時代に中国・南京から渡来したことが名前の由来だ。

生産農家では、畑に生えた状態では「落花生」、収穫後は「南京豆」と呼ぶのが一般的だという。ではもう一つの名前「ピーナッツ」は？　皮をむいて味付けした加工品に対しては、こう呼ぶことが圧倒的に多くなる。

いずれにしても「落花生＝南京豆＝ピーナッツ」、植物としてはみんな同類だ。

焼き鳥／やきとり

牛、豚を具材につかっても「やきとり」のワケ

日本人の大好物の一つ、「焼き鳥」。その歴史は長く、古代からスズメなどの小鳥を焼いて食べる習慣があり、江戸時代にはキジの肉もよく使われたという。

今、「焼き鳥」で使う肉は鶏肉が主だが、牛や豚など鳥以外の動物の肉も使われるし、調理法も実に多彩。そのため、表記も「焼き鳥」の他、平仮名の「やきとり」もある。違いを簡単に言うと、

「焼き鳥」は鳥肉にタレや塩をつけてあぶり焼いたもの。

「やきとり」は鳥、牛、豚などの肉や臓物を串焼きにしたもの。

これはあくまで大まかな分類で、地域や店でも異なるため、明確な線引きはしづらい。「やきとり」の世界は発想も自由で、豚肉のカシラ肉（こめかみや頬）にみそだれをつけたもの、豚肉と玉ねぎをあわせて洋がらしをつけたものなどもある。鶏が高級品で使えなかった頃、豚で代用したのが豚でも〝やきとり〟と呼ぶ起源とか。

切符／きっぷ
じつは「切符」と「きっぷ」は別物⁉

私たちは普段、乗車券を「きっぷ」と呼び、あたりまえに「切符」と書いている。ところが、JRでは、「切符」と「きっぷ」を〝別物〟として扱い、よく利用する乗車券は「きっぷ」に分類される。「えっ！」と思ったら、「みどりの窓口」へ。確かに案内板の表記は「きっぷうりば」だ。種明かしをすると、

「きっぷ」は正式には「乗車券類」と呼ばれ、普通乗車券や急行券の他、定期券、回数券、グリーン券、寝台券なども含まれる。

「切符」は乗車券類以外のチケットのこと。大きな荷物を持ち込んだり、ペット同伴のときに必要な「手回り品切符」や「一時預かり品切符」などを指す。

そのため、「きっぷ」の売り場は本来なら「乗車券類売り場」が適切だが、この表記だとわかりづらいため、やさしく読める「きっぷうりば」になったというわけだ。

もちろん、一般の文書ならどちらの表記でも問題ないが、駅で買うチケットには「きっぷ」と「切符」の二通りあることは、身近な生活の知識として覚えておきたい。

ルーツは中世武士の〝働き方〟にあった

一生懸命／一所懸命

結論から言うと、どちらを使ってもOK。

「一生懸命にがんばります！」と「一所懸命にがんばります！」の意味は同じだが、言葉としての新旧の違いがあり、古いのは「一所懸命」の方。

かつて、鎌倉時代の武士が、ただ一カ所の領地を命がけで守り、生活の頼りにしたことから「一所懸命」の四文字が生まれ、近年になって「一所」→「一生」に転じ、「命がけでことに当たる」という意味で使われるようになった。

現在、主に使われているのは「一生懸命」で、新聞や放送でも基本的にこの表現で統一しているが、新旧を使い分けるなら、

「志望校に入れるよう、○○○○に勉強する」なら「一生懸命」。

「老舗店のご主人は　○○○○に名菓を作り続けている」なら「一所懸命」。

の表現がふさわしい。どちらを使っても誤りではないが。

Column 1

つまずく日本語クイズ1
意味の違いがわかりますか？

◆本当の意味はⒶ？　それともⒷ？

気のきいた一言を言ったつもりが、まさか……。
多くの人が意味を間違えて使っている「あの言葉」の本当の意味は？

▼潮時（しおどき）

Ⓐ「あきらめるべき時期、引き際」　Ⓑ「それをするのに最適な時期」

「そろそろ潮時だ」というと、「（本意ではないが）あきらめるしかない」と否定的に捉える人が多いが、本当は「始めるにしてもやめるにしても、一番いいタイミング」「今が好機！」というポジティブな意味で使うのが正しい。

【答Ⓑ】

▼にやける

Ⓐ「なよなよした態度を取る」　Ⓑ「にやにやと薄笑いを浮かべる」

誤用する人が7割以上という調査結果も。薄笑いを連想しがちだが、もともとは男色の意の「若気（にやけ）」が動詞化して「若気る」に。「なよっとした色気のある男性の態度やしぐさ」をあらわし、「にやけた男」のように使われる。

【答Ⓐ】

▼噴飯もの（ふんぱんもの）

Ⓐ「おかしくてたまらないこと」　Ⓑ「腹立たしくて仕方ないこと」

「彼の発言は噴飯ものだね」と言った場合、「食べかけた飯を吹き出すくらいおかしい」という意味。腹立ちや怒りの表現と勘違いしやすいので注意。

【答Ⓐ】

▼ぞっとしない

Ⓐ「こわくない」 Ⓑ「おもしろくない、感心しない」

「ぞっとしない話＝怖くない話」という解釈は誤り。「ぞっと」は恐ろしさをあらわすが、他に「感動で体が震えあがる」という意味もあり、これを否定形にすると「さほど感動しない＝面白くない」ということになる。 【答Ⓑ】

▼憮然（ぶぜん）

Ⓐ「不満でぶすっとした様子」 Ⓑ「思い通りにならず、がっかりした様子」

「怒りや不満をあらわす言葉」と考えがちだが、ウソ。憮然の「憮」は失意の形容で、「期待に反する結果に落胆したり、ぼんやりした様子」をあらわす。 【答Ⓑ】

▼檄を飛ばす（げきをとばす）

Ⓐ「自分の考えを広く伝えて同意を求める」 Ⓑ「叱咤激励して活気づける」

「げき」の字は「激」ではなく「檄」。似ているので間違いやすいが、「檄を飛ばす」に「激励」や「発破をかける」という意味はなく、複数の人に向けて自分の主張を知らせ、「賛同」を求める気持ちが強い言葉だ。

【答Ⓐ】

▼破天荒（はてんこう）

Ⓐ「豪快で大胆な様子」　Ⓑ「前人の成し得なかったことをする」

豪快、大胆、型破り……そんなイメージで「あの人、破天荒だね」と言うのは×。前人未到の境地を切り拓く立派な人こそ破天荒にふさわしい。「世界記録を大幅に塗り替え、破天荒の快挙を達成！」のように用いる。

【答Ⓑ】

▼確信犯（かくしんはん）

Ⓐ「悪いと知りながら罪なことをする」　Ⓑ「正しいと信じて罪になる行為をする」

誤用がとても多いが、「バレないと思ってあざといことをする＝確信犯」という解釈は誤り。個人的な道徳心などから「これは正しい」という確信をもってなされる行為や犯罪、またその人を指す。

【答Ⓑ】

▼なしくずし

Ⓐ「少しずつ物事を前に進め、かたづけていく」　Ⓑ「流れのまま、適当にすませる」

「なあなあで何となくやる」「あいまいにする」といったネガティブな解釈は誤りで、「予定をたてて、一歩ずつじっくり進める」という前向きな言葉だ。たくさんの仕事も、借金の返済も、なしくずしにこなせばうまくいく。

【答Ⓐ】

▼役不足（やくぶそく）

Ⓐ「本人の力量に対して役目が軽すぎる」　Ⓑ「本人の力量に対して役目が重すぎる」

重大な役を与えられたとき「いえいえ、私には役不足で」と言う人がいるが、謙遜したつもりが逆の意味になるので注意。「私では力不足です」のような表現に改めよう。

【答Ⓐ】

▼たそがれる

Ⓐ「日が暮れて薄暗くなること」　Ⓑ「ぼーっと物思いにふけること」

「たそがれ（黄昏）」とは「たそがれどき」の略で、夕方の薄暗くなった頃のこと。転じて、物事が盛りを過ぎて衰えがみえる頃の意味も。夕闇の少し物悲しい雰囲気と重ねて「あの人、たそがれてるね」のように言うのは誤り。

【答Ⓐ】

▼うがった見方（うがったみかた）

Ⓐ「疑ってかかるようなひねくれた見方」　Ⓑ「物事の本質を的確に捉えた見方」

漢字で書くと「穿った」で、「穿つ（うがつ）」は「穴を掘る」こと。転じて「物事を深く掘り下げて真相を突いた見方」という意味。「うがった見方をするね」と言われたら「褒められた」「評価された」と喜んでいいわけだ。

【答Ⓑ】

▼流れにさおさす（ながれにさおさす）

Ⓐ「流れに逆らって勢いを失わせる」　Ⓑ「流れに乗って勢いをつける」

「棹」は船を進めるために使う長い棒。「さおさす」を「時流に逆らうこと」と勘違いしやすいが、本当は逆。棹を操りながら船を進めるように、うまく時流に乗って行くことのたとえ。

【答Ⓑ】

▼さわりの部分（さわりのぶぶん）

Ⓐ「話などの最初の部分」　Ⓑ「話などの要点（メイン）となる部分」

「話のさわりだけ聞かせる」と言った場合、「最初の部分」ではなく、最も興味を引く「聞かせどころ」を指す。ルーツは邦楽に関係する言葉で、今は話や音楽、文章などの表現によく使われる。

【答Ⓑ】

▼やおら

Ⓐ「ゆっくりと、おもむろに」　Ⓑ「急に、いきなり」

「彼はやおら立ち上がった」とは、落ち着いて、ゆっくり立ち上がる様子のこと。まったく逆の「突然、立ち上がる」と解釈する人が多いのは、「やにわに＝ただちに」と混同したためとも言われる。

【答Ⓐ】

Step2

日本語の「勘違い」でつまずく

知れば「まさか」だが、正しいと信じて使っていた言葉の発音、言い回しの中に、思いがけない勘違いが潜んでいる。アルファベットや数字の読み方、カタカナ語の表現、有名な慣用句の意味などいろいろな角度から誤りをチェック。気づいた先からさっそく改めよう。

声をあららげる／声をあらげる

「ら」をひとつ多くするのが伝統的な使い方

相手の理不尽な対応にカッとなり、「思わず声をあららげちゃった」ということは誰でも多少はあるだろう。

「声をあらげた」もよく使われるが、**伝統的な言い方は、「ら」が一つ多い「あららげる」で、漢字で書くと「荒らげる」。意味は、声を荒立てること、激しい言葉で感情をあらわすこと。**

ただ、「あららげる」より「あらげる」の方が発音しやすいし、「荒ら」の送り仮名も誤りやすいため、「あらげる」の使用が多数派になっている。放送では使用を認めているというが、一般には「荒げる（あらげる）は、俗な言い方」と捉えられていることは知っておきたい。

ありうる／ありえる

「あり得る」の正しい読み方はどっち？

「それ、ありえない！」「ありえな〜い！」

この表現は日常会話でよく使われる。その対義語の肯定形は「あり得る」で、「そうなる可能性がある」といった意味だ。では、その読み方は？

「ありうる」が○で、「ありえる」が△。

単純に考えれば「ありえない」の反対は「ありえる」と思うかもしれないが、本来の形は「ありうる」。これは文語的な表現だが、定着した読み方とされている。

ただし、しゃべるときは、ややくだけた「ありえる」を使う人が増え辞書によっては見出し語に「ありえる」を加えるなど変化が見られる。いずれにしても、「ありうる」「ありえる」どちらも否定形にすると「ありえない」になることは同じだ。

しかめつらしい／しかつめらしい

「鹿爪らしい」の当て字で覚えれば忘れない

先に正しい言い方だが、「しかつめらしい」が○。

「しかめ面」と音が似ているので、何となく混ざって**「しかめつらしい」と言う人も少なくないが、まったくの誤用だ。**

「しかつめらしい＝鹿爪らしい」と書くのは当て字で、鹿《しか》や爪《つめ》とはまったくの無関係。「真面目くさった堅苦しい様子」をあらわす言葉で、いかにも堅いカチカチの表情を浮かべていたら「あの人、しかつめらしい顔してる」のように用いる。一方、誤用されやすい「しかめ面」は、眉間にシワを寄せたような苦々しい表情のこと。

なぜ「しかつめ」かといえば、もともとは複雑な古語の音が変化して、「しかつべらしい→しかつめらしい」になったという。

まずは簡単に「鹿＋爪」と覚えておけば誤用が減りそうだ。

採配を振る／采配を振るう
そもそも「采配」って何に使う？

「チームの監督が采配を……」のあとに続く言葉とは？

答は二派に分かれ、**本来は「采配を振る」が○だが、「采配を振るう」の言い方もかなり定着している。**

そもそも「采配」とは、昔、戦場で兵を率いるために使った道具で、木や竹の柄にふさをつけたもの。これを大将が手に持って〝振った〟ことが語源だが、「振る・振るう」は音も意味も似ているので混同してしまったようだ。

文化庁が行った調査では、過半数が「振るう」を使っていることがわかり、もはや誤用と言い切れなくなっている。新聞社や通信社の用語集でも両方の使い方を載せるなど対策しているが、本来の正解は「振る」であることは覚えておきたい。

言葉の由来を知れば、間違いに気づく

二の舞を踏む／二の舞を演じる

「これじゃ、○○の二の舞だ」「○○の二の舞にはなりたくない」など、会話だと「二の舞」だけ使うことも多く、あとの言葉がうやむやになりやすいが、**正しくは「二の舞を演じる」で、「二の舞を踏む」は誤用だ。**

「二の舞」とは、雅楽の演目の一つ「安摩《あま》」という舞のあと、それを真似た別の二人がわざと滑稽に演じる舞のこと。それが転じて、人の真似をしたり、同じ失敗を繰り返すという意味で使われるようになった。

言葉の由来を知れば、納得。舞は「演じる」もので「踏む」ものではないとわかるだろう。これまでずっと誤った使い方をしていたら、「二の足を踏む（しりごみする意）」と混同していた可能性がある。

的を得る／的を射る
誤用？　誤用じゃない？　諸説飛び交う話題の言葉

会議中など、鋭い意見が出たら、
「おっ、○○さんは、いつも的を○○ことを言うな」
のように使われるが、この「○○」の二文字とは？

「射る」と「得る」の2通りが使われているが、本来の言い方は「射る」。「的を射る」とは「的のど真ん中を衝くように、的確に要点を捉えて、お見事！」といった意味だ。

誤用の「的を得る」は「当を得る（道理にかなっている）」との混同とも言われるが、本当は誤りではないとする説も。「得る」は「手に入れる」の他、「捉える」の意味もあり、「的を上手く捉える」と考えれば不自然ではない。

現時点で、確実な正解は「射る」だが、「どっちもあり」とする考えも広まっているので、「得る」の使用も柔軟に考えてよさそうだ。言葉の常識は時代と共に移ろう。

押しも押されぬ／押しも押されもせぬ

知っているようで知らない〝勘違い慣用句〟

A「彼は、今や押しも押されぬ大スターだ」

B「彼は、今や押しも押されもせぬ大スターだ」

どちらの表現が正しいかというと、**答えは、B。「押しも押されもせぬ」とは、押しても引いても揺らぐことなく、実力があって堂々としていること。**

Aの「押しも押されぬ」は、明らかな誤用だが、間違えやすい表現の代表で、若い層を中心によく使われている。本来の「押しも押されもせぬ」に、ほぼ同義の「押すに押されぬ（押しても押せない）」という言葉が混同して広まったらしい。実際に声に出して言ってみると発音しやすいし、耳触りも自然なので、誤りに気づかずに使ってしまうのだろう。まずは正解を発音して慣れることから始めよう。

貯金を切り崩す／貯金を取り崩す

貯金とは、そもそもどうやって「崩す」ものなの？

「休職中で、今は貯金を切り崩す生活だよ」

「学費がかかるし、貯金を取り崩す一方だ」

など、お金の話題でよく使う表現だが、**正しい言い方は「貯金を取り崩す」の方。**

「えっ、勘違いしてた！」という方、国語の意味をおさらいすると、

「取り崩す」とはまとまったものから少しずつ取ること。

「切り崩す」とはものを切ったりけずり取ったりして元の形でなくすること。

なので、今ある貯金を少しずつ取って生活費などに充てる場合、「貯金を取り崩す」が適切で、多くの辞書で「取り崩す」の項目に「貯金を～す」と用例を示している。

ただ、「切り崩す」も普通に使われ、若い世代ほど誤用が多いことは見逃せない。ここで、本来の言い方「取り崩す」に、知識の入れ替えを。

暗雲が立ち込める／暗雲が垂れ込める

真っ黒い雲の「流れ」から考える

「暗雲」とは、今にもザーッと雨が降り出しそうな雲のことだが、この真っ黒い雲は「立ち込める」ものか、「垂れ込める」ものか？　二つの言葉の意味は、

「立ちこめる」とは煙や霧などがあたり一面をおおうこと。

「垂れこめる」とは雲などが垂れてあたりをおおうこと。

ここからわかる通り、**「暗雲が」にふさわしいのは、本来は「垂れ込める」**だ。雲は「上から下」に流れるもので、暗雲はまさに上空から厚く垂れ下がったイメージだ。これに対し、煙のように地表近くに広がるものは「立ち込める」が適切。

ただし、気象以外に「世界情勢に暗雲が○○○○」のような比喩的な表現では「立ち込める」も使われるので、文脈を見て二つの言葉を使い分けることが大事。

雪辱を晴らす／雪辱を果たす

〝雪辱〟の正しい意味がわかれば間違えない

「次のオリンピックでは前回の雪辱を○○○」「今度こそ試合で雪辱を○○○」など、アスリートもよく使う表現だが、「○○○」の三文字は？

正解は「雪辱を果たす」。

意味は、試合などで前に負けた相手に勝つこと、名誉を取り戻すこと。カタカナ語の「リベンジ」のような意味合いの言葉だ。

「雪辱を晴らす」はよくある誤用だが、日本語としてちょっと変。

なぜなら、「雪」は「雪ぐ＝そそぐ、すすぐ」とも読み、「雪辱」は「恥（辱め）をすすぎ、清める」こと。二文字だけで「名誉を取り戻す」意味になるので、「晴らす」は不要なのだ。

それでも、間違える人が多いのは、「雪辱を果たす」と「屈辱を晴らす」が混同した結果とも言われる。**「晴らすなら、屈辱」、「果たすのは、雪辱」**と覚え直そう。

極めつけ／極めつき

「極め」の意味を正しく知ることがポイント

演劇などの舞台を見て「極《きわ》めつけの演技だ！」と言うことがあるが、この表現は誤り。

耳慣れた言葉だが、本当は**「極めつけ」は×で、「極めつき」が○**。よく使われるので何となく「極め……つけ」と言いがちだが、言葉の成り立ちを理解すれば修正しやすいだろう。

「極め」とは「極書（きわめがき）」のことで、書画や骨董品などの鑑定証明書をあらわす。転じて、**定評のある確かなもの、高く評価されたすぐれたものを指して「極めつき」に**。別の言い方**「折り紙つき」**と同意だが、「折り紙つけ」とは言わないように「極めつけ」もないと考えれば覚えやすいだろう。ただし、一部の辞書に、両方を同じ意味として掲載しているものもある。

愛想をふりまく／愛嬌をふりまく

何を「ふりまく」のか、から考える

ニコニコした感じのいい人に対し、「○○さん、愛嬌ふりまいてるね～」とか「愛想ふりまいてる」と言うが、本当は振りまくことができないのが「愛想」だ。

両方の言い方が半々ほどの割合で使われているが、**本来の言い方は「愛嬌をふりまく」**。**「愛想をふりまく」の方は誤用**だが、こちらもＯＫとする国語辞典も少数ながら出ているので、現時点では△といったところだ。

「愛嬌（愛敬）」は、女性や子供などのにこやかで可愛らしいしぐさや表情のこと。「愛想」は、人に好印象を与えるにこやかな対応や態度のこと。

どこが違うの？　と思うかもしれないが、「愛嬌」はその人が醸し出す雰囲気なのに対し、「愛想」は具体的な動作を示す。となると……雰囲気は振りまけても、動作は振りまけない、ということになるわけだ。「愛想」を使った表現なら「愛想よくふるまう」「愛想がいい人」などが適切だ。

熱にうなされる／熱に浮かされる

こわい夢を見ても「浮かされる」ことはありません

風邪やインフルエンザなどで高熱を出したとき、「一晩中、熱にうなされて参ったよ……」のような表現を使っていたら、失格。

「な」と「か」のたった一字違いだが、残念ながら「熱にうなされる」は×で、正解は「熱に浮かされる」だ。

「熱に浮かされる」とは、高熱でうわごとを言うような状態のことで、他にもう一つ「分別をなくすほど何かに夢中になる」という意味もある。「浮かされる」には「1（高熱などで）意識がはっきりしなくなる」ことと「2　何かに心奪われて落ち着かなくなる」という二つの意味が含まれているのだ。

一方、「うなされる」は、悪夢などを見て苦しそうなうなり声を出すこと。

違いを知れば、夢にうなされても熱にはうなされないことがわかるだろう。高熱のせいで悪夢を見たなら、その場合は「熱が出てうなされる」のように表現すればいい。

間が持たない／間が持てない
日本語の誤用ランキングの常連になった理由

たとえば、無口な上司と二人で食事中、会話がとぎれて気まずい雰囲気になったとき、あるいは、次の約束まで時間があるのに、暇つぶしの場所がないとき、「困ったな、間が○○○○」という心境になることがある。この四文字は誤りやすく、以前、国語辞典『大辞泉』（小学館）が行った調査では、「言い間違いされる言葉ランキング」で堂々1位に。なんと7割近くが間違えていたという。文化庁の調査でも、誤用が61・3％と圧倒的多数で、要注意の言葉だ。

正解は、「間が持てない」が○で、「間が持たない」は×。

誤りに気づいたら、さっそく「て」と「た」を入れ替えて修正を。

◯◯した矢先／◯◯する矢先
「矢先」とは、いつを表す言葉なのか？

まず用例から正誤をチェックしてみると、
A「会議を始めた矢先に、停電になった」は×
B「出かけようする矢先に、電話が鳴った」は◯
時間のタイミングとしては似た印象だが、Aは「会議の開始後」、Bは「出かける前」という前後の違いがある。
つまり、**「矢先」とは、「何かをしようとする、ちょうどそのとき（直前）」をあらわす言葉だ。そこで、「～する矢先」のように使うのが正しい。**
昨今はAの「～した矢先」のように、「直後」の意味で使われがちだが、本来は誤り。新聞や放送、ほとんどの辞書でも直後の意味で使うことを不適切としているが、一部で容認する辞書もあり、今後の扱い方が気になるところ。時間の感覚をより正確に伝えるには、従来通り「直前」の意味だけで使うのがよさそうだ。

足をすくわれる／足元をすくわれる
敵がすくいやすいのは「足」か、「足元」か

卑怯なやり方で隙をつかれ、失敗させられることを何というか？

A「足元をすくわれる」

B「足をすくわれる」

この質問をすると、二人に一人以上が間違えるという調査報告もあるが、**正解はB。**

「油断してると足をすくわれちゃうぞ！」のように使う。

「すくわれる」の「すくう」は、「払いのける」という意味で、立っているとき足を払われたら、支えを失って一瞬でへなっと体勢がくずれてしまう。不意打ちを食らうわけで、確かにとても卑怯で危険な手口だ。

「足元」はくるぶしから下なので、払いのける動作はしづらいが、間違えて使う人が多いのは、「足元を見られる（相手の弱みにつけこむ意）」と混同するためとも言われる。すくわれるのは「足」、見られるのは「足元」と区別して覚えよう。

後ろ足で砂をかける／後足で砂をかける

同じ〝後ろの足〟でも、読み方の違いに注意

世話になった人の恩に報いるどころか、去り際に迷惑までかけて、「アイツはとんでもない裏切り者だ！」「（類語では）恩をあだで返す気か！」と言うときのたとえが「――で砂をかける」。

有名なことわざだが、この言葉は、もともと犬や馬が駆け出すとき、後ろの足で土や砂をぱっぱっと蹴散らすことが由来。

本来は**「後足《あとあし》で砂をかける」**だが、俗に**「後ろ足で～」**ともいう。

上には上がいる／上には上がある
優れているのは「その人」？　それとも「才能」？

スポーツの大会で世界記録が更新されたときなど、「上には上が○○ものだ」と感心するが、この「○○」を間違えて使っている人が多い。

正解は「上には上がある」で、「上には上がいる」は誤り。

「これこそが最上と思っても、必ずそれ以上にすぐれたものがある」という意味で、自分を戒めるときにもよく使われる。「すぐれたもの」は、「すぐれた人」を指して言うことが多いので、「(人が)いる」と言いがちだが、この言葉は、実はもっと奥が深い。すぐれた人から生み出される才能や能力にフォーカスしているので、「ある」が適切なのだ。「いる」というと、比較する対象が人に限られるが、「ある」を使えば、より広い視点ですぐれた何かについて言及できるわけだ。

H（えいち）／H（えっち）
なじみのある「エッチ」は、実は〝俗な発音〟!?

アルファベットの8番目の文字「H」は、日本では「エイチ」と「エッチ」の二つの発音があり、なんとなく混在している。

さっそく正解から言うと、「エイチ」が○。

ただし、「性的にいやらしい」意味で使うときは「エッチ」が○。

このHの発音の差別化は日本特有のもので、『新明解国語辞典』で「エッチ」とひくと、最初に「エイチの俗な発音」とある。

つまり〝俗な発音〟以外は、基本的に「エイチ」を使えばよいわけで、

「NHK」は「エヌエイチケー」

「WHO」は「ダブリューエイチオー」

「HTTP」は「エイチティーティーピー」となる。

7（なな）／7（しち）
放送界から仏教用語まで、正しい「7」の読み方は？

つまずきやすい数字といえば「7」。

ぜったいコレという決まりはないが、放送界の原則では**「17」なら「ジュウシチ」と言うのが基本で、場合によっては「ジュウナナ」も○。**

ただし、この使い方は時間表現などに限られ、多用されているのは「ナナ」の方。「シチ」の発音は「1（イチ）」や「8（ハチ）」と間違えやすいので、「7号、7台、7段、7番、7枚」なども「ナナ」の発音が主だ。

では、仏教の用語で**「七回忌」はどうかというと、「シチかいき」が○。**

今は時代の流れで「ナナ」を多用する人が増え、法事を依頼するときも「ナナかいき」という人が少なくないというが、通例は「シチ」と覚えておこう。

4（よん）／4（し）

1、2、3ときたら、次は「よん」？ それとも「し」？

「1、2、3、4……」と順番に数字を数えるときの「4」の発音は？

この質問をすると、大多数が「シ」と答える。

では、逆にカウントダウンするときの「4」の発音は？

すると今度は「シ」ではなく「ヨン」と言う人がぐっと増える。

普段、あまり深く考えないが、行きと戻りで数え方が変わる不思議。

理由として、1から数えるときは音読みのつながりが定着しているのに対し、逆に数えるときは聞き取りやすさ優先で訓読みの「ヨン」になったという説、「シ」は「死」を連想させる忌み言葉なので避ける傾向があるという説もある。

実際「4」の発音は「シ」より「ヨン」が圧倒的に多い。

もう一つ、「7」もカウントダウンでは訓読みの「ナナ」が主に使われる。

つまり、**1から数えるときは「イチ、ニ、サン、シ、ゴ、ロク、シチ……」戻るときは「……ナナ、ロク、ゴ、ヨン、サン、ニ、イチ」**が多数派の発音になる。

0（ぜろ）／0（れい）
日本語読みだと、表現の枠が広がるらしい

「0」の日本語読みは、「零＝レイ」。「ゼロ」という読み方は英語の「zero」が広まったものだが、後者を多用する日本人は多い。

たとえば、電話の局番「03」や「06」の読み方。以前、NHKが行った全国調査では、9割が「ゼロ」と読むことがわかった。ただし、放送では日本語読みの「レイ」の使用が原則で、「03（レイサン）」「06（レイロク）」のように言う。「ゼロ」を使うのは例外で、「ゼロ歳児」など固有の読み方があるものや、「海抜ゼロメートル地帯」「死亡事故ゼロ」など「ない」ことを強調する場合に限られるとか。

この事例からもわかる通り「ゼロ」と「レイ」は微妙に違い、**「ゼロ」が「何もない」という意味だけなのに対し、「零（レイ）」は「何もない」ことの他に、「きわめて小さい」「少ない」「わずかな」という意味も含まれる。**

わずかな希望にかけたいときは「可能性ゼロ」より「可能性レイパーセント」と言うのが的確といえそうだ。使い分けの参考に。

ギブス／ギプス
ドイツ語がなまった読み方が定着した!?

骨折したときなど、患部を固定するために用いるのが石膏で固めた包帯。ぐるぐる巻きにして使うので、治療中の人には「○○○が取れるまで、がんばって」と励ましたりする。さて、この包帯の名前は?

「ギブス」と「ギプス」、二通りの読み方があり、正解は「ギプス」。

「えっ、ずっとギブスだと思ってた!」という人、少なくないかもしれない。

ドイツ語の「Gips」が由来なので、正しくは「ギプス」で、本来は「石膏」の意。「プ」は日本人には発音しづらかったため、少しなまって「ブ」が定着したとも言われる。

シャンパン／シャンペン
日本人が発音しやすい呼び名はどっち？

祝宴の席でも好まれる、あのシュワッと泡の立つ高級ワインの名は？

フランス・シャンパーニュ地方産の白ぶどう酒なので、言語名はフランス語で「champagne」。**カタカナ表記すると「シャンパーニュ」だが、日本では「シャンパン」と「シャンペン」の二通りの呼び方があり、辞書にも、両方の表記がある。どちらの発音でもいいが、優勢なのは言語の発音に近い「シャンパン」**。

「シャンペン」は英語の「シャンペイン」の発音に近いが、いずれにしても、日本人がラクに言える発音がいつしか定着したわけだ。

では、「スパークリングワイン」と「シャンパン」の違いとは？

簡単なことで、「スパークリングワイン」は発泡性ワインの総称で、このうち生産地やブドウの品種、製法など、一定の条件を満たしたものだけが「シャンパン」として名乗りを上げられる。**スパークリングワインの一種がシャンパンだ**。

アタッシェケース／アタッシュケース

最初に使ったのは、フランスの大使館員だった

間違いやすいカタカナ語についての調査では、必ず上位にランキングされる言葉だが、**正解は「アタッシェケース」で、「アタッシュケース」は×。**

「四角い薄型の書類カバン」を指す言葉で、「アタッシェ（attaché）」とはフランス語で「大使館や公使館で、軍事や経済の仕事をする職員」のこと。語源から、重要な書類が入った頑丈そうなカバンがイメージできる。

これまでずっと「アタッシュ」と言っていたら戸惑うかもしれないが、この言い方が広まったのは、英語の発音に近いため。そこで、まったく間違いではないが、原語に近い「アタッシェ」の言い方もここで身に着けておこう。

エンターテイメント／エンターテインメント

英語の発音とつづりから読み解く「ン」の立場

「entertainment」には、「人を楽しませる娯楽、余興、楽しみ、気分転換」といった意味があり、よく使われる言葉だ。

ところが、カタカナで書こうとすると、「ン」を入れるか入れないかで悩みがち。

一般には「ン」抜きの「エンターテイメント」が浸透しているが、辞書や新聞は「エンターテインメント」の表記が多く、両方が混在しているのが現状。

そこで、改めて英語のつづりと発音から見ていくと、正確には「エンターテインメント」の表記（「ン」が入った方）が○ということになる。

口語だと〝ン〟をしっかり言わなかったりしてあいまいになりやすいが、書くときは「ン」を入れる、と覚えておこう。

キューピッド／キューピット

「キューピット」はいつのまに「キューピッド」になった？

「恋のキューピッド」と聞いて「それ、キューピットでは？」と違和感を覚える日本人は少なくないだろう。確認のため、カタカナ語辞典を引いてみると？

「キューピッド（Cupid）」とあり、意味は「ローマ神話の恋愛の神（少年）、恋をとりもつ人」のように記されている。英字は「d」で終わっているからやはり「ド」がネイティブに近い発音だとわかる。

綴りを見れば正解は一目瞭然だが、なぜ「キューピット」の言い方が広まったのか？　これ、実は「bag（バッグ）」を「バック」、「bed（ベッド）」を「ベット」と言うのと同じような日本式の発音の変化。ちょっと訛った言い回しが主流になったわけで、この機会にリセットしておこう。

バンコク／バンコック

どちらでもない長い正式名称があった

タイの首都「Bangkok」をカタカナで書くとき、「ッ」を入れるかどうか迷ったことはないだろうか？　外国語の発音を正しく伝えることは簡単ではないが、**公式には「バンコク」が正解。新聞や放送、教科書などもこの表記で統一している。**

ただし、「バンコク」は主に外国人が使う俗称で、普段、タイ人が使っているのは「Krung Thep＝クルンテープ（クルンテプ）」という呼称。実は、正式名称は一度聞いても覚えられないほど長く１００ワードを超える。その初めの部分をとったものが「クルンテープ」で、意味は「天使の都」だ。

ウラジオストック／ウラジオストク

微妙な発音を当て字にした「浦塩斯徳」がルーツ？

ロシアの極東部にある重要な都市名も、「ッ」を入れるか入れないか迷う。もともとロシア語で「東方を支配する町」という意味の造語で、「ヴラディ・ヴォストーク」の発音が近いが、日本では明治以降に「ウラジオ・ストク」から「浦塩（または潮）斯徳」と当て字され、通称「浦塩（浦潮）／ウラジオ」と呼称されていた時代もあった。今は、**文献によって複数の日本語表記がみられるが、一般には「ウラジオストク」が○**。複雑な発音を当て字で再現したわけで、ちょっとした裏ワザを駆使して生まれた言葉だったのだ。

バングラデシュ／バングラディッシュ

「バングラ」の先に続くのは「皿」じゃなくて…

インドとミャンマーに隣接する国、新聞の見出しなどで「バングラ」の略称が記されることもあるが、そのあとに続く文字は？

「バングラディッシュ」と発音する人も多いが、正しくは「バングラデシュ」。これは正式な国名「バングラデシュ人民共和国」の通称になる。

ベンガル語で「バングラ」が「ベンガル（人）」、「デシュ」が「国」を意味し、あわせて「ベンガル人の国」。英字だと「Bangladesh」で、「イ」や「ッ」の発音は含まれず、カタカナで書くと「デシュ」の表記が適切だとわかる。

誤用されやすい「ディッシュ」は、英語だと「dish＝皿」の発音と同じ。なので、「皿じゃなくて、デシュ」のように覚えておくのもいい。

カムチャッカ／カムチャツカ

大きい「ツ」と小さい「ッ」、どっちが正解？

間違いやすい世界の地名をもう一つ。

ニュースなどで、アナウンサーが「カムチャツカ半島」というのを聞いて「あれっ、学校ではカムチャッカと習ったような……」と思ったなら、その記憶、誤りではないだろう。ロシア北東部にある小さな半島の名だが、かつては「カムチャッカ」と呼ぶことも多かったからだ。

正式には**「カムチャツカ半島」が○だが、これを口語的に転換したのが「カムチャッカ」ともいわれる。**

実際に声に出して言ってみると、大きい「ツ」より小さい「ッ」の方が発音しやすいと感じる人が多いだろう。そこで、今も会話では「チャッカ」がよく使われるが、文字にするときは、原語により近い「カムチャツカ」に改めよう。

ジャンパー／ジャンバー

明らかな誤用でも、辞書に載っているワケは？

「今日は現場で作業があるから、ジャンバーを持って行こう」と言われれば、「ジャンバー＝作業用の上着」とわかるだろう。だが、この言い方は誤り。**語源の英語表記は「jumper」なので、この発音をそのままカタカナにした「ジャンパー」が正解だ。**

ただし、「ジャンバー」も捨てがたく、国語辞典で「ジャンパー」と引くと、「ジャンバーともいう」と言及しているものもある。実際、「ジャンバースカート」をはじめ〝訛った表現〟に耳慣れた日本人は少なくないだろう。

ただ一方で、最近は上着のことをフランス語が語源の「ブルゾン」と言うことが増え、「ジャンパー」「ジャンバー」共に影が薄くなりつつある。

ナルシスト／ナルシシスト
辞書では「両方あり」でも、優勢なのは？

自撮りだらけの知人のＳＮＳを見たときなど、「○○さんて、ナルシストかも？」と思うことがあるかもしれない。

「自分を愛するうぬぼれ屋」といった意味で、「ナルシスト」の言い方は日本でかなり浸透しているが、原語の**「narcissist」を発音すると、「ナルシシスト」、つまり「シ」がもう一つ入る方が正確**だ。

では「ナルシスト」では誤りなのだろうか？

辞書では、両方載せていたり、一方だけだったりとバラつきがあり、新聞や放送では多くが「ナルシシスト」を原則とし、「シ」抜きを許容するケースもある。どちらにしても、本来は「ナルシシスト」が○だ。

リラクゼーション／リラクセーション

「セ」と「ゼ」、両方見かけるのは？

これもまた、迷えるカタカナ語の常連で、「リラクゼーション」と「リラクセーション」の二通りの表現が使われている。

意味は同じ「心身の緊張をとくこと、くつろぐこと」で、元の英語は「relaxation」。**発音すると、「ゼ」ではなく「セ」になり、「リラクセーション」が正解。**

カタカナ語辞典にもこの表記が載っているが、日本ではなぜか「セ」に濁点つきの「リラクゼーション」の表記が最初に伝わって定着。これを〝和製英語〟とする用語解説もある。国語辞典の中にも「リラクゼーション」を見出しに立てているものもあり統一しづらいが、**正しい発音は、あくまで濁点なしの「セ」の方だ。**

「清少納言」を正しく区切って読めますか

せい・しょうなごん／せいしょう・なごん

『枕草子』は、平安文学の代表作で、作者の清少納言の名は**「清／少納言（せい／しょうなごん）」**と区切って読むのが正しい。

だが、「ずっと清少／納言（せいしょう／なごん）と読んでいた」「深く考えず、〝清少さん〟が名字と思っていた」など、勘違い発言は珍しくない。

そもそもこの名前、宮中に仕える女官としての〝女房名（あだ名）〟にすぎない。当時、女性の身分は低く、大概は本名を名乗れなかった。そのため、著名な歌人だった父・清原元輔の姓に由来する「清」と「少納言（朝廷の最高機関である太政官《だいじょうかん》の職の一つ」をあわせた通称で呼ばれたのだ。なぜ少納言なのかは諸説あって真相は不明。まずは、小学生に笑われないよう、「せい」で区切ることを覚えておこう。

きらぼし・のごとく／きら・ほしのごとく
「綺羅星のごとく」を正しく区切って読めますか

言葉の響きから、「綺羅星↓キラ星↓キラキラ光る星」と連想し、「きらぼし／のごとく」と読む人は多いが、これは誤り。

本当は**「綺羅」と「星」を区切って「きら／ほしのごとく」と読むのが正しい。**

では「綺羅」とは何か？　一言でいうと、「美しい衣服」のことで、「綺」は綾織の絹（あやぎぬ）、「羅」は透けるような薄い絹（うすぎぬ）の意。そのような華やかな衣装が夜空に輝く星のようにある、という元の意味から「立派ですぐれた人がズラリと並んだ様子」をたとえ、「昨日のパーティー、各界の著名人が綺羅星のごとく名を連ねていたね」のように使われる。

面白いことに、「綺羅星」の言い方も辞書に立項され、「綺羅、星のごとくを誤り続けた語（美しく輝く星）」と解説したものもある。多数の人が読み方を間違えた結果、三文字の別語が生まれたわけだ。

Column2

つまずく日本語クイズ2

読み違いを防ぐ鉄則とは？

◆次の漢字の正しい読み方は？

読み方クイズ1 **知ってるつもりで誤読しやすい漢字**

数々の調査でも明らかになった「誤読が多い言葉」をピックアップ。

・いくつ正解できるか、試してみよう。

▼小人数

【○こにんずう　×しょうにんずう】

意味は人数が少ないことで、「こにんず」とも読み、反対語は「大人数（おおにんずう）」。同じ意味の「少人数（しょうにんずう）」と混同しやすいので気をつけて。

▼漸く【○ようやく　×しばらく】

送り仮名が同じ「暫く」と混同しやすく、覚えたつもりでも、反射的に「しばらく」と読んでしまったりする。

▼放る【○ほうる　×ほおる】

モノを遠くへ投げたり、途中でやめるときの表現で、音読みで「ほうる」が正しい。「仕事を放って遊びに行く」なら「ほうって」と読む。

▼共存【○きょうそん　△きょうぞん】

本来は「きょうそん」が正しいが、濁点がついた「きょうぞん」も読みやすさから広まり、これもＯＫとする辞書も増えている。

▼間髪を容れず【○かんはつをいれず　×かんぱつをいれず】

「(髪1本入る隙もないほど）間をおかず、すぐに」という意味。誤用が多いのは、

「間髪」を一つの熟語として捉えるからで、「間／髪を容れず」と区切って読むと理解しやすい。半濁音の「ぱ」は×で、ストレートに「は」と発音しよう。

▼**農作物**　**【○のうさくぶつ　△のうさくもつ】**

「農（のう）／作物（さくもつ）」と読むと、意味が重なるため、「農作（のうさく）／物（ぶつ）」の区切りで考えて読むのがコツ。ただし、誤用の方も一般に広がっているので△。

▼**続柄**　**【○つづきがら　△ぞくがら】**

親族との関係をあらわし、公的な書類でよく見る言葉。誤って「ぞくがら」と読む人が多く、『つづきがら』の俗な言い方」と表記している辞書もある。

▼**早急**　**【○さっきゅう　△そうきゅう】**

意味は、とても急ぐこと。多くの辞書では、本見出しを「さっきゅう」とし、「そうきゅう」をサブの扱いにしている。

▼施行　【○しこう　△せこう】

政策や法令などを実行することの意で、複数の読み方があるが、一般には「しこう」。法律用語では「執行（しっこう）」と区別するために「せこう」とも読む。

▼礼賛　【○らいさん　×れいさん】

「礼」を「れい」と読みがちだが「らい」の発音が正解。「礼讃」とも書き、一般には「ほめたたえること」の意味。仏教用語では、仏を礼拝してたたえること。

▼依存　【○いそん　△いぞん】

伝統的な読み方は「いそん」で「依存心」なら「いそんしん」が正しいが、「いぞん」と読む人が多い。そのため、辞書でも二通りの読みを載せたり、放送でも「いぞん」を優先するケースが増えている。

読み方クイズ2 漢字で見ると、とたんに読めなくなる言葉

会話ではよく使っていても、漢字で見ると「何、これ!?」の日本語は多い。
普段は平仮名表記が多いからこそ悩む、次の漢字の読み方は?

1「態々」　2「忽ち」　3「拗らせる」
4「不束」　5「戦ぐ」　6「挙って」
7「直向き」　8「漲る」　9「円やか」
10「弁える」　11「設える」　12「雪ぐ」
13「強か（健か）」　14「強ち」　15「二進も三進も」

答：1「わざわざ」　2「たちまち」　3「こじらせる」　4「ふつつか」
5「そよぐ」　6「こぞって」　7「ひたむき」　8「みなぎる」
9「まろやか」　10「わきまえる」　11「しつらえる」　12「そそぐ、
すすぐ」　13「したたか」　14「あながち」　15「にっちもさっちも」

Step3

漢字の「読み方」でつまずく

表記はまったく同じでも、読み方が変わると意味も変わる。
そんな紛らわしい日本語は、よく使う言葉の中にもたくさんある。
一語ずつ、知れば知るほど、日本語の複雑さがわかる。

躓く（つまずく／つまづく）

「つまずく」と「つまづく」、結局、どっちが正しい？

のっけから「つまずく」でつまずく話。実は、本書タイトルに含まれる「つまずく」も迷いやすい言葉の一つだ。

漢字で書くと「躓く」だが、これを仮名で記すと「つまずく」と「つまづく」の二通りが考えられる。試しに、両方の仮名文字を入力してみると……、どちらも「躓く」と変換され、ややこしいのだが、結論は、

「今は『つまずく』が正解だが、「つまづく」でもOK」。

現代仮名遣いでは「つまずく」と書くが、かつては「つまづく」が使われていたため、この旧仮名遣い（歴史的仮名遣い）が今も許容されている。戦後の現代仮名遣いへの改革で「づ→ず」に表記変更されたが、歴史ある言葉も重んじることにしたというわけだ。そこで、優先すべきはあくまで「つまずく」だが、「つまづく」と書いても誤用にはならない。

日本（にほん／にっぽん）
「にほん」と「にっぽん」をきちんと読み分ける方法

「日本」の読み方は「にほん」と「にっぽん」の二通りあることは、日本人なら誰でも知っている。国名としては「にほん」と読むのが多数派でも、サッカーなどスポーツの試合の応援コールは「にっぽん！」のように、自然と使い分けしている。

では、正解は？　**政府が正式な読み方を定めていないので、どちらを使っても○。**

昔々、卑弥呼の時代には、ハ行を言うとき「パ、ピ、プ、ペ、ポ」に近い発音をしていたとか、室町時代は「にふぉん」と読んだり「じっぽん」と言っていたという説もあり、次第に言いやすい形に変化したようだ。

ただし、「日本」のつく企業や団体名には、読み方の決まりがもちろんある。しかも、一般によく使われる言い回しが、正式名称でないケースも少なくない。

たとえば、「日本銀行」は「にほんぎんこう」と読む人が多いが、お札の裏側を見ると……「NIPPON GINKO」のローマ字が。つまり、正しくは「にっぽんぎんこう」だとわかる。

大地震（だいじしん／おおじしん）
マグニチュードで示すなら「だい」をとる

「大震災」という文字を見たら、「だいしんさい」と迷わず読む人がほとんどだろう。では「大地震」は？

「だいじしん」と**「おおじしん」**、二通りの読みが普通に使われているから悩ましい。話し言葉やアナウンスのお手本とされるNHKの発音ルールでは「おおじしん」を優先しているが、「だいじしん」の読み方も誤りではない。地震の規模を「マグニチュード＝M」であらわすときは、小地震（M3〜5）、中地震（M5〜7）、大地震（M7以上）のように分け、この場合は「小↓中↓大」の流れで「だい」の読み方が○になる。つまり、**専門的な視点から揺れの階級を示すなら「だいじしん」が、感覚的に大きさを伝えるなら「おおじしん」がふさわしいということになる。**

読み方ルールとしては、**一般には「おおじしん」でよく、マグニチュード7以上の地震なら、地震学の定義では「だいじしん」とも読む、と覚えておこう。**

九年（くねん／きゅうねん）しっくりくる言い方はどっち？

「二〇一九年」の「九」、どう発音しているだろうか。

読みは「ク」と「キュー」の二つあり、ＮＨＫの発音基準だと**「九年」の読みは「ク」を基本とし、「キュー」は「許容」**。

つまり「キュー」は△で、場合によってはこの読み方でもいいと決められている。文脈次第で「ク」より「キュー」の方が馴染むこともあり、きっぱり分けづらいのが日本語の複雑さだ。

一般には、個々の感覚でどちらか決めてかまわない。たとえば「二〇一九年生まれ」や「二〇〇九年生まれ」と言うときも、「ジュウクねん」より「ジュウキューねん」、「クねん」より「キューねん」がしっくりくるなら、それでＯＫだ。

「とう」か「とお」か、自信を持っていえますか

十日（とおか／とうか）

試しに「とうか」と「とおか」の両方をパソコンで打ってみると？「とうか」と打つと「糖化」と変換され、他の変換リストには「問うか、透過」などがあり「十日」はなし。では「とおか」で打つと……一発で「十日」があらわれた。**そう、「十」の正しい読み方は「とお」で、「十日」は「とおか」が正解。**口語にすると、両方に近い発音をしていたり、何となくあやふやなまま見過ごしやすい読み方なので、誤りに気づいたら正しておこう。

十匹（じゅっぴき／じっぴき）
小学生ならわかるのに大人が間違う〝落とし穴〟

まず問題だが、「十ぴき」に送り仮名をふると？

正解は「じっぴき」。「じゅっぴき」だと不正解で大目に見て△になる。

これ、小学生の国語の宿題に出る内容だが、答に親が戸惑うケースがあるという。「十」は小学1年生で習う漢字だが、音読みとして常用漢字表で認められているのは「ジュウ」と「ジッ」の二つで、「ジュッ」という読み方はない。そこで、「十」を単独で読めば「ジュウ」だが、パ行などの言葉が続くと詰まって「ジッ」になり、「十匹」は「じっぴき」と読むよう、教科書や漢字ドリルでも指導されている。

「ジュッ」は江戸訛ともいわれるが、今は一般に使われ、放送でも両方の発音を使っているほど。ただし、現時点での標準はあくまで「ジッ」で、「十匹＝じっぴき」を優先させると覚えておこう。

同じように、**「十本＝じっぽん」「十回＝じっかい」「十手＝じって」**と読む。

秋田犬、土佐犬、芝犬…知っていますか？「犬」の読み方

秋田犬（あきたいぬ／あきたけん）

「秋田犬」といえば、平昌五輪メダリストのフィギュアスケート選手、アリーナ・ザギトワに日本が贈呈したことで、一時話題になった。

では、「秋田犬」をどう読むか？

地元での伝統的な呼び方は「あきたいぬ」で、「秋田犬保存会」の読み方も「秋田イヌ保存会」だ。ところが、以前、ＮＨＫが行った調査では、「あきたけん」と呼ぶ人が95％と圧倒的多数だった。こうした傾向から、放送では基本的に「イヌ」と読むが、「ケン」も容認しているという。

参考までに「土佐犬」も「とさいぬ」と「とさけん」の両方ＯＫ、「柴犬」は「しばいぬ」が○で「しばけん」は×。ただしこれは、伝統的な呼称と一般によく使われる呼び方を考慮した放送のルールで、日常ではどちらで呼んでも誤用とはいえない。

豚汁（とんじる／ぶたじる）
地域によって違う「豚汁」の呼び方

豚肉のこま切れを入れたみそ汁が「豚汁」。その呼び方をめぐって日本人は「とんじる」派と「ぶたじる」派に分かれる。

いくつかの調査結果を見ると、いずれも多数派は「とんじる」で、ネット上のアンケートでは全国の7割近くを占めたとの報告もある。ただし地域差があり、傾向として北海道と九州北部エリアで「ぶたじる」派が多いという。実際、子供の頃からずっと「ぶたじる」と言っていた福岡出身者が、東京で暮らし始めて「とんじる」派の多さに驚いたという話もあるが、絶対の正解はないので、好きな言い方でＯＫ。

ちなみに、「豚丼」の読みは「ぶたどん」が断然多く、「とんどん」と読む人はごくわずか。なぜか「汁」は「とん」、「丼」は「ぶた」と相性がいいらしい。

温州みかん（おんしゅう／うんしゅう）

中国の都市「温州市」との関係は？

「温州みかん」は、日本の代表的なみかんの品種で、普通、みかんといえばコレ。
読み方は、「うんしゅうみかん」が正しい。

「えっ、『おんしゅう』では？」と思った方、アナウンサーでもうっかりがあるというから、驚くことはない。ややこしいのは中国の浙江省南東部に「温州」という都市があり、その読み方の基本は「おんしゅう」だが「うんしゅう」でもいいこと。

つまり「温州みかん」の発音は「うんしゅう」のみ。「温州」とだけ書かれていたら、中国の都市名なので「おんしゅう」か「うんしゅう」と読めばいいわけだ。

中国の温州はもともとみかんの名産地で、温州みかんはその名に由来したとも言われるが、みかんの名称として読むなら「おんしゅう」はNGだ。

松阪牛（まつさかうし／まつざかぎゅう）
結局、どちらで読むのが正しいのか

「松阪牛」といえば、高級和牛の代名詞だが、呼び方はいろいろ。「1 まつざかぎゅう 2 まつざかうし 3 まつさかうし……」いったいどれが本当なのか？

結論から言うと、どの呼び方でも間違いではないが、公的な呼び方は「まつさかうし」になる。

これは、松阪牛協議会などの関連機関が商標登録した名称で、テレビをはじめメディアでもこの読み方で統一している。**産地の「松阪」という地名は、正しくは濁点なしの「まつさか」。地域のブランド牛の名称もこれに統一した**わけだが、だからといって『まつさかうし』以外の呼び方はダメ」と制限したわけではない。

他のブランド牛も、公的には「米沢牛」＝「よねざわぎゅう」、「近江牛」＝「おうみうし」のように呼ぶが、一般には「うし」でも「ぎゅう」でもかまわない。

認める（みとめる／したためる）

「一筆認める」を「みとめる」と読んではいけない

「認める」の漢字二文字だけ見たら、「みとめる」と読む人がほとんどだろう。

意味は、**見てその存在を確認したり、確かにそうだと判断すること**で、「異議を認める」、「才能を認める」のように用いる。

では、「一筆、認める」は？　「いっぴつ**したためる**」と読み、意味は**手紙などの文章を書くこと**。こちらは文語的な言い方で、単に「書く」よりかしこまった印象になるので、状況に応じて用いるのがコツ。

この「したためる」は、平安時代から使われていたという古い表現で、他に**「食事する、整理する、処理する、支度する」**などの意味もあるが、今はこれらの意味ではあまり使わなくなっている。実際、「いっしょにランチでもしたためない？」なんて誘われたら、違和感を覚えるだろう。

追従（ついじゅう／ついしょう）
ゴマをするのが得意な人が言うのはどっち？

「Aさんは、権力のある人に追従するタイプだね」

「あっ、Bさん、またお追従を言ってるよ」

この二つの例文では「追従」の読み方が変わり、Aさんは「ついじゅうするタイプ」、Bさんは「おついしょうを言ってる」が正しく、意味も異なる。

「ついじゅう」は人に付き従い、言う通りに行動すること。

「ついしょう」は人に媚びへつらい、ご機嫌をとること。

つまり、何でも「はい、はい」と言うことを聞いて服従するのが「ついじゅう」、ゴマをするのが得意なのは「ついしょう」。**「追従口《ついしょうぐち》＝お世辞、おべっか」**という言葉もあるように、あまりいい意味では使わないので、どちらにしても、言葉にするときは慎重に。

手練（しゅれん／てだれ／てれん）
読み間違えると、ホメたつもりがひどい嫌味になる

読み方で、ポジティブにもネガティブにも両極端に変わる言葉が「手練」。しかも三通りの読みがあるので、ここで整理しておこう。

まず、**ポジティブな印象になる読み方が「しゅれん」と「てだれ」**。

意味は似ていて、**「しゅれん＝熟練したワザや腕前」、「てだれ＝技芸などの道にすぐれていること、またその人」**。類語に置き換えれば、「しゅれん」は「器用」や「巧み」、「てだれ」は「達人」や「エキスパート」で、「まさにしゅれんの早わざだ！」「あの選手は、相当のてだれだね」のように使う。

一方、**ネガティブな印象になる読み方が「てれん」**。**意味は「うまいことを言って人を操る手段」**。**「手《て》練《れん》手《て》管《くだ》」**という四字熟語は、人をだます意味の「手管」と掛け合わせてマイナスイメージを強調している。類語は「偽る」「たらし込む」などだから、「しゅれん」「てだれ」と混同しないよう、正しく使いたい。

代替（だいがえ／だいたい）
ビジネスシーンでより正確に言うには？

「代替案を出しなさい」「代替品を用意しよう」

など、ビジネスシーンでもよく使われる「代替」。

複数の読み方があり、現代では「だいたい」と「だいがえ」の二通りがよく使われるが、**本来の正確な読み方は「だいたい」で、意味は他のものに新しく代えること。**

単に「代える」のではなく、対象に見合ったものに代えること。ここ、大事。

「だいがえ」と読みがちなのは、「替」を「たい」と読み慣れないことや、「だいたい」だと、発音が同じ「大体」と混同しやすいことなど、いくつか理由が指摘されている。そこで、両方の読みが載っている辞書もあり、「だいがえ」も誤りではないが、無難に使えるのは、やはり「だいたい」の方だ。

読み方でイメージが逆転する不思議

白髪（しらが／はくはつ）

「白髪」とは、言うまでもなく**色素が抜けて白くなった頭髪**を指すが、二通りの読み方で、イメージが逆転するほど変わる。たとえば、

「○○さん、最近急にしらがが増えて老け込んだね。苦労が多いのかな……」

のように「しらが」と言うと、老けの象徴のようなイメージで捉えられがちだ。

一方、「はくはつ」は黒髪のほとんどが白髪になった状態を指すが、「女優の○○さんのはくはつ、きれいだね」のように、憧れの目線を伴うポジティブなイメージで語られることが多い。「はくはつの紳士」も年齢を重ねて円熟味を増した人を形容する言葉だ。辞書にその違いは記されていないが、読み方で確かに印象が変わる。

最近は、あえて白髪を染めない「グレーヘア」の女性が注目されているから、自然な頭髪の色こそ「美しい」とする肯定派が徐々に増えていくのかもしれない。

盛り土（もりつち／もりど）
建設業界では常識になっている読み方とは？

東京・豊洲市場で問題になった「盛り土」。意味は、**「土地に土を盛って高さを変えること」**だが、その読みは？

ニュースなどでは「もりど」と読んでいたが「『もりつち』では？」と思った人もいるだろう。元首相の小泉純一郎も「辞書には『もりつち』としか載っていないけど、なぜ『もりど』なのか？」と疑問を投げかけたとか。

実際、一般の辞書では「もりつち」だけ記載されているものと、二通りの読みが載っているものがあり、最近の報道では「もりど」が主流。

結局どちらでも誤りではないが、本来は「もりつち」で、「もりど」は建設業界などで使われている業界用語のようなもの。つまり、土木関係の専門的な話題のときは「もりど」の読みがピタッとくるわけだ。

気質（きしつ／かたぎ）
個人を指すのか、その人が属する集団を指すのか

「彼は寡黙で、職人気質な性格だね」

と言ったときの「気質」の読み方は「かたぎ」が○だが、

「彼女は温厚な気質の持ち主だ」

と言うときは「きしつ」と読む。では、迷ったときの使い分けのコツは？

職業や年代などに共通する特有の性質なら「かたぎ」。その人が持って生まれた性質を指すときは「きしつ」。

と覚えれば簡単。要は、ある集団にかかる言葉が「かたぎ」で、個人にかかる言葉が「きしつ」だ。そこで、「学者気質」「芸術家気質」「江戸っ子気質」などは、すべて「かたぎ」と読むのが正しい。

口腔（こうくう／こうこう）

一般の読み方と、医学の読み方が異なるワケ

「口腔外科」とは、口の中、あご、顔面などにあらわれる疾患をまとめて扱う診療科で、読み方は**「こうくうげか」**。

同じように、**「口腔衛生」の読みは「こうくうえいせい」**。

ところが、**一般的には「口腔」は「こうこう」と読むのが正しい。**

「こうくう」でも「こうこう」でも意味は同じで「口からのどに通じる空間」を指すが、なぜ医学の分野だけ「口腔」の「腔」の字を「くう」と読むのか？

理由として「口孔《こうこう》」という言葉と区別するために「こうくう」を慣用的に用いるようになったとも言われるが、使い分けは難しくない。本来の読みは「こうこう」、医学用語なら「こうくう」と覚えていれば大丈夫。

迷ったら、二つの読み方を当てはめて考える

細々（こまごま／ほそぼそ）

「近所のスーパーで、細々とした日用品を買ってきた」
「彼女は、細々と家事をこなすね」

と言うときの「細々」の読み方は**「こまごま」**。**「繊細で、こまやかで、細かいところまで行き届く様子」**あるいは**「細かい物が数多くある」**といった意味だ。

もう一つ、「細々」は**「ほそぼそ」**とも読み、意味が変わって**「ほっそりして、弱弱しい感じ」**または**「（暮らしや商売を）やっと維持している様子」**になる。「貯金を取り崩しながら、細々と暮らす」のような文面なら「ほそぼそ」だ。

前後の文脈からどちらで読むかを判断するが、迷ったら両方の読みを当てはめてみるのも手。前述の例文で試してみると、「ほそぼそとした日用品」や「こまごまと暮らす」に置き換えるとやはり不自然で、適切でないことがわかる。

願書（がんしょ／ねがいしょ）
会社に提出する届けは、本来「がんしょ」だが

「入学願書を提出する」

というときの「願書」は**「がんしょ」**と、大抵は迷わず読めるだろう。意味は説明するまでもないが、**何かの許可を得るために差し出す書類**のこと。

では、会社に休暇願いなどを提出するときの書類は？　この場合も「願書」を使うことがあるが、発音は**「ねがいしょ」**になり（「休暇のがんしょ」とは言わない）**「願い書」と記して区別したりする。**辞書にはこの意味での記載はないが、慣用的に用いられているので、誤用とはいえない。

「ねがいしょ」の読みは、もともと「願文《がんもん》」と同じ意味で用いられ、「神仏に対して願い事を書き記したもの」を指していた。それが異なる意味で使われるようになり、今は、二通りの意味がある。

気骨（きこつ／きぼね）

ちょっとしたことで折れやすい骨はどっち？

A「彼は、腹がすわった気骨がある若者だ」
B「新人研修は何かと気骨が折れる」

のように、やはり読み方で意味ががらっと変わる言葉が「気骨」。「気骨のある人」とは、どんな障害にも負けない強い意気を持った人のことだ。

Aは「きこつ」と読み、強い信念や不屈の精神をあらわす。

一方の**Bは「きぼね」と読み、「心遣いや心配、気苦労」などをあらわす。**代表的な慣用句が**「気骨が折れる」**で、意味は**あれこれ細かく気をつかって精神的にヘトヘトに疲れる**こと。

「きこつ」は決して折れない頑丈な骨のイメージだが、「きぼね」だと、ちょっとしたことで神経をすり減らすひ弱な印象になる。うっかり「きこつがおれる」と言ってしまわないように注意。

大家（おおや／たいか／たいけ）
貸家の持ち主、大人物、資産家…三通りの意味がある

「大家」には三つの読み方があるが、中でもよく使うのが「おおや」だろう。

まず、「大家といえば親も同然」と言うように、**「貸家の持ち主」**の意味で、いわゆる「おおやさん」。親しみを持って使われる言葉だ。

迷いがちなのは、他の二通りの読み方。

「日本画の大家」や「書道の大家」とくれば、読みは**「たいか」**で、**「その道で特にすぐれた人、名声の高い人」**を指す。

では「大家の夫人」の読み方は？

この場合は「たいけ」とも「たいか」とも読み、**「資産家、家柄のいい家」**のこと。

「たいけ」の読みの方を使えば、2の意味と区別しやすい。

自ら（みずから／おのずから）

混同を防ぐには、送り仮名に注目する

「自ら進んで外国語を学ぶ」

この文章を見て、「自ら」を何と読むか？

たぶん、「みずから」と読む方が多数派だろう。もちろん正解。**「みずから」とは「自分で、自分から」という意味**なので「自ら人生の道を切り拓く」や「自らを励ます」など、応用の利く言葉だ。

もう一つの読みは**「自ら＝おのずから」で、「自然と、ひとりでに」という意味**。この場合は「みずから」と混同しないよう、「**自ずから**」と送り仮名をふったり、平仮名で表記することもあるので、文字を見れば区別しやすい。

ただし、「自ら」と書いて「おのずから」と読ませることもあり、その場合は前後の文脈をチェック。たとえば「真実は自ら明らかになる」なら「ひとりでに……明らかになる」と意味がつながるので「おのずから」が正解だとわかる。

名代（なだい／みょうだい）
「部長の名代で参加する」の「名代」はなんて読む？

「名代　○○そば」のように、店名でも見かける「名代」。この文字から、首都圏でお馴染みの立ち食い蕎麦のチェーン店を連想する人もいるだろう。

読み方は**「なだい」**が正解で、**「評判がよいこと、名高いこと」**の意味。

他にも「名代」には二通りの読み方があるが、意味はまったく違う。

まず**「みょうだい」**は**「誰かの代理を務めること、またはその人」**のこと。要は代理人で、「本日は、部長のみょうだいで参加させていただきます」のように使う。

三つ目の読み方は**「なしろ」**で、大昔の古墳時代の身分をあらわし、**ヤマト王権への奉仕を義務づけられた大王直属の集団**を指す。こちらは一般にはあまり使わないので、まず「なだい」と「みょうだい」の二つを使い分けることが大事。

火口（かこう／ひぐち）

火山とは無関係の二つの読み方

「火口」と書けば、多くの人は「かこう」と読み、勢いよくマグマが噴き出す火山をイメージするかもしれない。

そう、**「かこう＝火山の噴火口」**のこと。一般によく使われる読み方だ。

ただし、「火口」の読み方や意味は状況に応じて変わる。

「コンロやかまどの火口」なら、**「ひぐち」**と読み、**「火をつける点火口、あるいは、火事の火元や燃え始め」の意味になる。**もう一つ、火打ち石で発火させた火を移し取る炭（キビや麻などの茎を焼いたもの）のことは**「ほくち」**とも言う。この三つ目の読み方はあまり使わないが、それぞれの読み方が異なる意味を持っている。

出端（でばな／ではな／では）
「くじかれる」のはどっち？　「失う」のはどっち？

外出しようとしたとたん、予期せぬ来客があったときなど、「おっと、出端をくじかれてしまった……」のように言うことがある。「出端」は「出鼻」とも書き、読みは**「でばな」**または**「ではな」**。**「物事を始めてすぐ」**という意味なので「出端をくじかれる」は、何かを始めたとたん邪魔が入って中断することだ。

「出端を失う」という表現もあるが、こちらの読みは**「では」**で、**「出るきっかけ」**といった意味。「でばな」と「ではな」と「では」、三つの読み方はよく似ていて、濁点があったりなかったりややこしい。間違えないためには、「くじかれる」のは「でばな・ではな」、「失う」のは「では」と慣用句と共に記憶するのがコツ。

厳しい（きびしい／いかめしい）

「〇〇しいヒゲのある顔つき」に当てはまるのは？

「厳しい」の文字を見たら、たいていはまず「きびしい」と読むだろう。

言うまでもないが、**「手心を加えない厳しさ、柔和でないこと、何かをするのが難しい」**などの意味がある。

「合格はちょっときびしそうだな」、「祖父はきびしい人だった」、「この夏はきびしい暑さが続いた……」など、日常のさまざまなシーンで応用がきく言葉だ。

では、「厳しいひげのある顔つき」、「厳しい門構え」なら？

「いかめしい」と読み、**「近寄りがたいほど立派で、威圧感さえ覚える」**といった意味になる。正しい送り仮名は**「厳めしい」**だが、PCで「いかめしい」と打つと「厳しい」でも変換されるので、迷ったら、もう一方の読みを当てはめてみるといい。

「きびしいひげのある顔」というのはないので、「いかめしい」だと判断できる。

礼拝（れいはい／らいはい）
宗教によって読み方が変わるって本当？

宗教の分野でつまずきやすい言葉が「礼拝」。

「お寺に行って、仏様を礼拝する」と言うときの読みは**「らいはい」**だが、「教会の礼拝堂に出かける」と言うときは**「れいはいどう」**と読む。

つまり、同じ漢字でも、宗教によって読み方が変わり、それぞれの意味は、

「らいはい」は仏教において仏を拝むこと。

「れいはい」はキリスト教などで神に対して祈りを捧げること。

「礼」の音読みには呉音《ごおん》の「らい」と漢音の「れい」があり、仏教用語の読みは、先に中国から伝わってきた呉音が多く用いられている。「らいはい」は仏教独特の読み方で、それ以外の宗教は「れいはい」。知らないとすべて「れいはい」と読みがちだが、寺院にある「礼拝堂」なら、**「らいはいどう」**と読むのが正しい。

開眼（かいがん／かいげん）
それは目がよくなること？　真髄を悟ること？

「プロ入り10年目にして打撃開眼！」

のように、スポーツニュースでも用いる「開眼」は何と読む？

正しくは**「かいげん」**で、**「技能などが上達すること、物事の真理を知ること」**。**「かいがん」**と読みがちだが、その場合は**「視力が乏しかった目が見えるようになること、また、見えるようにすること」**の意味になる。視力回復の手術なら「開眼《かいがん》手術《しゅじゅつ》」と言うように、「眼」は「がん」と読む機会が多いため「かいげん」と読むべきものも「かいがん」とする慣用的な読みも一方で広がっている。辞書にも記載があるので誤用にはならないが、本来の使い方を大事にするなら「打撃に開眼」も「演技に開眼」も「かいげん」と読みたいところだ。

文書（ぶんしょ／もんじょ）

同じ文書でも「古」がつくと発音が変わる

「文書」の読み方は、一般には**「ぶんしょ」**で、「公文書」なら「こうぶんしょ」、「私文書」は「しぶんしょ」と、ほぼ迷わず読めるだろう。

ただ、文書にはもう一つ「もんじょ」という読み方もあり、**「古文書」は「こもんじょ」が正しく、「こぶんしょ」と読むと×になる。**

「古文書」は、単に「古い文書」を指すほか、歴史の史料となる江戸時代以前の文書の意味もあり、とりわけ、特定の相手に意思や情報を伝える目的で書かれたものを指す。昔の人が書いた文書なので、字体や文体も現代とは異なり、「ミミズがはったような文字」とも言われるが、その「くずし字」を読み解く講座などもある。

ルーツをたどれば、意味が違う別の言葉だった

世論(せろん/よろん)

「世論調査」などで耳慣れているものの、読み方に迷う言葉が「世論」。**「よろん」と「せろん」**二通りで読まれているが、調査機関のデータを見ても圧倒的多数派は「よろん」。ただし「せろん」も誤用ではなく**どちらを使っても正解だ。**

「二つ正解があるから、かえって紛らわしい」という声もあるが、背景にはある事情があり、もともとは違う意味の言葉だった。**「よろん」は「輿論」と書き、「世間一般の人に共通した意見」、「せろん」は「世論」と書き、「世間の噂や風評」を指していたのだ。**

ところが、昭和21年に新しい常用漢字表が出来たとき、「輿論」の「輿」の字が外されて新聞などで使えなくなり、代用として「世論」の字を充てて「よろん」とした。それが一般化し、やがて意味も同じ**「世間の大多数の意見」**として使われるようになったというわけ。これが、二通りの読み方の成り立ちだ。

分別（ふんべつ／ぶんべつ）
「ゴミの分別」でひろまった〝第二の読み方〟

「あの人は思慮分別があるね」「分別のある大人になりなさい」のように使うとき、「分別」の読み方は**「ふんべつ」**が正しい。意味は**「物事の是非や道理を判断してわきまえること。またそのような能力」**。もともとは仏教用語で、物事を識別する根底には損得勘定などがあるとして、あまりいい意味ではなかったが、時代と共に理性的な意味合いが強まっていったという。

もう一つの読み方は、「ごみの分別」でおなじみの**「ぶんべつ」**。こちらの読み方はまだ歴史が浅く「燃えるゴミと燃えないゴミをきちっと分けるようになって覚えた」という人も少なくない。

意味は**「種類ごとに分けること、区別すること」**。身近なゴミの区分とリンクしているので、「ふんべつ」との使い分けは難しくない。

茶道（さどう／ちゃどう）
流派による呼び方の違いもチェックしておこう

　茶をたてふるまい、礼法を学ぶ「茶道」。日本の伝統的な芸道なので、正しく発音したいが、二通りのどちらを使うか迷ったことはないだろうか。

「さどう？　それとも、ちゃどう……？」

　結論から言うと、**どちらの言い方でもかまわない。**

　ただし、江戸時代までは「ちゃどう」の読みが一般的で、今でも、茶会、茶器、茶釜、茶の湯、茶道具などの関連用語はほとんどが「ちゃ」の発音で呼ばれている。現代は「さどう」の言い方が広まっているが、一方で、流派による呼び方の違いもある。

　そこで、放送などでは、一般の情報として茶道を取り上げるときは「さどう」、個別の流派についての情報なら、各流派の読み方を優先するという。

大勢（おおぜい／たいせい／たいぜい）

一番耳慣れない「たいぜい」の意味と使い方は？

「開店セールでお客さんが大勢集まった」「大勢でお花見をした」

この「大勢」の読みは「たいせい」か、それとも「たいぜい」か？

「えっ、どっちも違う。『おおぜい』でしょ」と思った方、惜しい……。この文面を読めば、たいていの人は「おおぜい」と読むだろう。だが、「たいぜい」という読みもあり、あまり使われないが、「おおぜい」とまったく同じ意味になる。

「おおぜい」「たいぜい」とは、そう、**「たくさんの人、多人数」**のこと。

さらに「大勢」は「たいせい」とも読み、この場合は**「物事や世の中のなりゆき、だいたいの状況」**あるいは**「強い勢力」**といった意味になる。勝敗の見通しがついたときなど「試合の大勢が決まる」のように使う。

「たいぜい」と「たいせい」は発音がよく似ていて紛らわしいが、濁点がつくだけで「おおぜい」と同意になることは日本語が深まる知識の一つ。「多人数」の意味で使うときは、これまで通り「おおぜい」の読みを優先してかまわないが。

末期（まっき／まつご）

物事、人生…いろいろな「終わり」を的確に言う

歴史や人物の話題で「江戸末期に○○事件があった」、「中世末期に活躍した××」のような表現をよく使うが、この、「末期」の読み方は「まっき」。

文字が示す通り**「まっき＝ある時代の終わり」**の意味で、一つの政権が衰退し、そろそろ終わりというときは「政権末期」のように表現する。

もう一つ**「まつご＝一生の終わり」**という意味の読み方もあり、こちらは人の死に際に限定され、「最期」や「臨終」と同じような表現になる。死に際にその口の中に注ぐのは「末期《まつご》の水」だ。

同じ「終わり」でも、何の終わりなのかを考えて、正しく読み、使いたい。

大人気(だいにんき／おとなげ)
前後の文脈を見逃すと、変な読み間違いをしやすい

あるアナウンサーが「大人気ない」を「だいにんきない」と読み間違え、慌てて謝罪したことがあるという。正しい読み方は、もちろん**「おとなげ」**。意味は、**「大人としての落ち着きや分別」**のことで、落ち着きや分別のない人を指して「おとなげないね」のように言ったりする。

「だいにんき」は、「大人気のカフェ」や「タピオカドリンクが大人気」など、流行の話題でもよく使うので、あとに続く言葉を見れば、読み違えは避けられるだろう。ただし「大」をとって「人気」の二文字だけにすると、「にんき」と「ひとけ」の区別がしづらくなる。「人気のない街」なら、両方の読み方があてはまるので、前後の文をよく読み込む必要があるだろう。日本語は、本当に微妙だ。

柵（さく／しがらみ）
「柵」の読み方は「さく」だけではない

A「家の目隠しに柵を作る」
B「世間の柵に悩まされる」
それぞれの「柵」の読み方は？

Aは**「さく」**で、**木や杭を立ち並べて作る垣根（仕切り）のこと**。そのものズバリなので、正答率は高いだろう。Bも、日頃からよく使う言葉だが、漢字で書く機会が少ないので、即答しづらいかもしれない。答えは**「しがらみ」**。**「心理的にとらわれてしまうもの」といった意味で、マイナスイメージを伴う。**

だが、「しがらみ」にはもう一つ、**「水流をせき止めるもの」**の意味もあり、もともとは川の中に打った杭に竹や木を結んで作る道具を指した。この本来の意味では人の役に立つ存在だったが、「水にからみつく」→「邪魔をする、まとわりつく」という流れで、厄介なイメージに変化したわけだ。

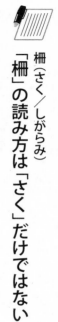

受領（じゅりょう／ずりょう）
日本の歴史に登場する「ずりょう」って何者？

ビジネスメールなどで、出番が多い「受領」。「確かに○○の書類を受領しました」、「カタログ、受領いただければ幸いです」のように使い、意味は、**お金や品物などを正式に受け取ること**。読み方は、一般的には**「じゅりょう」**だが、**「ずりょう」**とも読む。使う使わないはさておき、「確かに書類をずりょうしました」も誤りではない。

「ずりょう」にはもう一つまったく異なる意味がある。平安時代以降に使われた国司（地方官）の別称で、中でも赴任先で政治を行う最上責任者のことを「受領《ずりょう》」と呼んだ。知っていると日本史の知識も広がる話題だ。

首長（しゅちょう／くびちょう）
紛らわしい発音と区別するための〝業界用語〟⁉

「首長」とは、**組織や団体の長のこと。一般には、都道府県や市町村などの自治体のトップ**を指して言う。

読み方は**「しゅちょう」**だが、**「くびちょう」**とも言い、テレビの討論番組などで、この言葉を繰り返し耳にすることもある。もともと二通りの読みがあるのか？　念のために、辞書で確認してみると……「くびちょう」の記載はない。

実は「くびちょう」は、行政における一種の業界用語で、「市長」や「主張」や「首相」など紛らわしい発音と区別する目的もあるという。つまり「私立」と「市立」を「わたくしりつ」「いちりつ」と呼んだり、「化学」と「科学」のうち「化学」を「ばけがく」と言うような読み分けの知恵だ。とはいえ、正しい発音はあくまでも「しゅちょう」なので、公の席で「くびちょう」を連呼するのは控えた方がよさそうだ。

競売（きょうばい／けいばい）
一般用語なのか、法律用語として使うのか

「競売にかけられた絵画が○○円で落札」

「あの人は競売物件の購入に熱心だ」

など、日常的に見聞きする「競売」の文字。**競り売り、オークション**のことだが、二通りの読み方のどちらで言うか迷ったことはないだろうか。

実は、「きょうばい」でも「けいばい」でも正解だが、使い分けのコツがある。通常、一般用語として使うなら「きょうばい」、競売法にからむ不動産競売など、法律用語として使うときは「けいばい」がふさわしい。

不動産の業界では、「けいばい」を用いるのが常識とされ、新人が「きょうばい」と読むと「まだ素人だな……」と甘く見られかねないとか。一方、放送ではすべて「きょうばい」で統一している。一般によく使われるわかりやすい読み方を優先させたわけだ。

Column3

つまずく日本語クイズ3
書き間違いの〝落とし穴〟とは?

◆誤用する人、続出! 正しい漢字の書き方は?

ここでまた、ちょっと頭の体操。
誤用が多いフレーズに、正しい漢字を当てはめてみよう。

▼「えいきを養う」の「えいき」は? 【○英気 ×鋭気】

ここでいう「えいき」は「何かを積極的にやろうとする気力、やる気、元気」のこと。
「鋭気」もほぼ同じ意味だが、「鋭い気性」といった意味合いが強く、休養や睡眠や食事などによる心身の調整には「英気」が適している。

▼「かき入れ時」の「かき」は？　【○書き　×掻き】

「かき入れどき」とは「商売が繁盛しているとき」のこと。利益が上がると帳簿の記入も忙しくなるため、「書き入れ」と記す。お金やお客を掻き集めるというイメージから「掻き入れ」と書くのは誤り。

▼「かつを入れる」の「かつ」は？　【○活　×喝】

意味は、柔道などで気絶した人を蘇生させること。転じて、人を元気づけたり、気力を起こさせること。修行者の迷いや誤った考えを叱り、励ますときの大声「喝」と書くのは誤用。

▼「きいた風なことを言う」の「きいた」は？　【○利いた　×聞いた・効いた】

知ったかぶりをして生意気な態度をとることで、「気が利く」や「機転が利く」の「利」の字を用いる。「聞いた」、「効いた」などの誤用に注意。

▼「ことのほか」の「こと」と「ほか」は？

【○殊の外　×事の外・殊の他】

「思いのほか、格別、とりわけ」などの意味で、「今日の用事は殊の外早くすんだ」のように用いる。「ほか」は範囲外のことで「外」と記すのが○。「別のこと」ではないので「他」とは書かない。

▼「なしのつぶて」の「なし」は？

【○梨　×無し】

「梨」は「無し」の当て字。単なる語呂合わせで、果物の梨とは関係なし。「つぶて(礫)」は投げる小石の意味で、投げたら返って来ないことから「便りを出しても返事がないこと」をあらわす言葉になった。

▼「なりをひそめる」の「なり」は？

【○鳴り　×成り・形】

物音を立てずに(音を鳴らさずに)じっと静かにしていることで、表記は「鳴り」が○。姿を隠すことと勘違いして「形(なり)」と書いたり、同音の「成り」と書くのは誤り。

▼「ばつが悪い」の「ばつ」は？　【〇ばつ　×罰】

意味は「きまりが悪いこと」で、通常は平仮名で「ばつ」と書く。その場に居づらいことから「その場の都合→場都合→ばつ」のように略されたとする説が強い。罪悪感とは違うので「罰」とは書かない。

▼「あげ足をとる」の「あげ」は？　【〇揚げ　×上げ】

「揚げ足」は、もともと相撲などで技をかけるために揚げた足（地面から離れた足）を指し、それを取って攻めることを「揚げ足をとる」。転じて、相手の言葉じりや言い間違いをとらえ、なじったり皮肉ったりする意味で使われる。

▼「おうおうにして」の「おうおう」は？　【〇往往　×応応】

物事がひんぱんに起こることで、「よくある、たびたび、しばしば、ときどき」などの意味で幅広く使え、繰り返すことから「往往」と書く。一般にネガティブな表現に使われる。

▼「ずにのる」の「ず」は？　【〇図　×頭】

半数近くが間違えるという調査結果も。「図」には「自分がそうしようと思ったこと」という意味もあり、「図に乗る」は「（思い通りになって）調子に乗り、つけあがる」ことをあらわす。

▼「濡れ手であわ」の「あわ」は？　【〇粟　×泡】

大した苦労もせずに大きな利益を得ることで、「あわ」は五穀の一つの粟のこと。濡れた手でつかむと小さい粟粒がたくさん付いてくることが語源。「泡」は×で、「濡れ手に粟」と書くのも誤り。

▼「のるか反るか」の「のる」は？　【〇伸る　×乗る】

成功するか失敗するかわからないが、いちかばちか思い切ってやってみよう、という言葉。竹で矢を作るとき、型から取り出すまでまっすぐ伸びているか反り返っているかわからないことから「伸る」と書く。

▼「れいわ」の「れい」は？　【○令　○令】

新元号に変わってすぐ話題になったのが「令和」の「れい」の字。菅官房長官が記者会見で掲げたのは一般に活字で使われる「令」。一方、手書きの「れい」は、下の部分がカタカナの「マ」の字形で、小学校の教科書ではこちらが使われている。

では、どちらを優先するかというと、もうおわかりの通り、どちらでもOK。

文化庁の常用漢字表の字体・字形についての考え方は「印刷文字と手書き文字の表し方の違い」で「それぞれが正しい形」ということなので、書き方さえ誤らなければ、両方が「答」で、書きやすい方を使ってかまわない。

Step4

漢字の「書き方」でつまずく

同じ読みでも、表記は二通り以上あったり、書き方で意味が変わったり……、これも漢字でつまずく理由。

「同音異義語」で迷わないためには、個々の漢字の意味を知ることが大事。

「そんな違いがあったのか！」とわかれば、適切な字を選んで書けるようになる。

おじ（伯父／叔父／小父）

〝二人の関係〟からたどる使い分けのポイント

使い分けのポイントは、どんな血縁関係か？

「父または母より年上のおじ」について書くなら「伯父」、「父または母より年下のおじ」なら「叔父」が正解。

父母より年上なら「伯」、年下なら「叔」を使うことは、「おじさん」も「おばさん」も同じ。使い分けがめんどうにも思えるが、ルーツは漢語で、兄弟姉妹の年長から順に「伯仲叔季《はくちゅうしゅくき》」と呼んだからだという。

一方、「隣のおじさん、おばさん」など、血縁以外なら「小父さん」、「小母さん」ですべてOK。知ってるつもりでも、いざ書くとき迷いがちなら、

「伯父」「伯母」は両親の兄・姉やその配偶者。

「叔父」「叔母」は両親の弟・妹やその配偶者。

「小父」「小母」は血縁のない中年のおじさん、おばさん。

この書き方ルールを、もう一度きちんとおさえておこう。

かたい（堅い／硬い／固い）
反対語で考えると、ピッタリの字が見える

ひと口に「かたい」と言っても、モノの触感や食感、精神力、表情、力みなど、いろんな〝かたさ〟があるからつまずきやすい。どの漢字でも当てはまる表現も多いが、対義語と熟語から見て行くと使い分けしやすくなる。たとえば、

「堅い」の対語は「脆《もろ》い」↓熟語は「堅実」、「堅物」↓イメージは、容易に壊れない安定したかたさ。

「硬い」の対語は「軟らかい」↓「硬化」、「硬派」↓ピーンとこわばったかたさ。

「固い」の対語は「緩い」↓「強固」、「頑固」↓ガチッとした強いかたさ。

のように発想していくと、

「手がたい商売始めたね」なら「堅」。

「表情がかたいね」なら「硬」。

「かたく決心した」なら「固」。

何をどう伝えたいか、前後の文章と相談しながらぴったりの字を厳選しよう。

かしょう（過少／過小）
数字でカウントできるか、できないかが決め手

「才能ある人を、かしょう評価していたかも……」

この「かしょう」を漢字で書くと？　「しょう」の字は「少」と「小」の二通りあるが、例文は後者の「過小」が正解。

「過小」とは小さすぎること、実際より小さく見積もること。

「過少」とは少なすぎること、必要な量や額に達しないこと。

違いは明確でも、字も似ているから紛らわしい。差別化の簡単なコツだが、「1、2、3……」と数字であらわせるものは「少」を、対象を数字でカウントできないなら「小」を使うと考えればすっきり。

「かしょう申告で税務署の調査が入った」なら、少ない申告額を数で示せるので、「過少申告」が○だ。

しょうがく（少額／小額）
小さいお金と少ないお金の違いとは？

「小額」も「少額」も同じ「しょうがく」と読むが、「小さい額」と「少ない額」ではいったい何が違うのか？　例文でチェックすると、

「しょうがく貨幣で支払う」なら「小額」。

「しょうがくの寄付をした」なら「少額」。

つまり、**「小額＝貨幣の単位が小さいこと」**。これに対し、**「少額＝基準となる金額と比べて少ないこと」**。

1万円札に対する1000円札は「小額」の紙幣になるが、たとえば寄付金が基準より下回った場合などは、1万円でも「少額」になる。「貯蓄が少額で困った」、「バッグを盗まれたけど、少額の被害ですんでよかった」など、日常的によく使うのは「少額」の方だ。

かた（形／型）
それは目に見えるもの？　見えないもの？

「三日月がたのクッキーのかたを買う」

この二つの「かた」を漢字で書くと「三日月形」と「クッキーの型」になる。

「かた破りな人だね～。血液がたは？」

の場合は、どちらも同じ表記で「型破り」、「血液型」と書く。

二通りの表記の違いは、カタカナ語で比べるとイメージしやすいだろう。

「形」は「フォーム（form）」で「目に見えるそのものの姿やかたち」。

「型」は「タイプ（type）」や「パターン（pattern）で、「何かの形を作り出すもとになるもの。原型」。

ただし、厳密に区別されているわけではなく、柔道の「カタ」などは形と型の両方を使うし、水泳の「じゆうがた」は「自由形」が基本だ。

はかる（測る／計る／量る）
まずは「何をはかるのか？」と考える

生活の中にはいろんな「はかる」があり、数をはかるだけでも、複数の表記があるから悩ましい。使い分けのポイントは「何の数」をはかるか？

コツをつかむために、次の簡単な例文の答えを考えてみよう。

A 身長をはかる　B 体重をはかる　C マラソンのタイムをはかる

さっそく正解だが、「A＝測る、B＝量る、C＝計る」。つまり、

「測る」は、「長さ、高さ、広さ、速さ」をはかる（測定する）こと。IQテストなどで「能力」をはかるときもこの「測る」を使う。

「量る」は、「重さ、容積」などの量をはかること。

「計る」は、主に「時間」をはかること。また、数えて考えたり見積もる意味もあり、「タイミングをはかる」や「はかり知れない」なども「計」と表記する。

この三通りの違いがわかれば、迷わず表記できる。

まわり（周り／回り）
「身のまわり」と「家のまわり」で使い分ける

「グラウンドのまわりをひとまわりする」を漢字で書くと、「まわり」は「周り」、「ひとまわり」は「一回り」。この二通りの「まわり」のわずかな違いをひと言でいうと？

一般によく使われるのは**「回り」**で、ズバリ、**まわること（回転）・めぐること（巡回）をあらわす**。「遠まわり、まわり道、あいさつまわり、時計まわり、営業まわり……」などは、すべて「回り」と書く。

「周り」は、そのものを取り囲んでいる周辺という意味に限って使われ、「まわりの女子の目が気になる」「会社のまわりの店」などは、「周り」と書く。

では「身のまわり、胴まわり、水まわり」などは？

このように手が届く〝周辺〟なら、「回り」を使うのが適切で「身の回り、胴回り、水回り」が○。少しややこしいが、グラウンドや湖、家屋など、比較的大きなものを取り囲む表現に「周」を選べば使い分けはスムーズだ。

きかい（機械／器械）
その道具は大きい？ 小さい？ 複雑？ 単純？

人間が何か目的をもって使う道具が「きかい」。二通りの表記があり、**小型でシンプルな道具は「器械」**。**大型で複雑な仕組みの道具は「機械」**。

これがざっくりした分け方。厳密には区別しづらいが、迷ったら「大きいか小さいか？ 複雑か単純か？ エンジンなどの動力の有無は？」と考えてみること。

たとえば、メジャーや計量器などの「測定きかい」や、顕微鏡や望遠鏡などの「光学きかい」は**「器械」**。また、「器械体操」というように、鉄棒や跳び箱など、運動競技に使う道具も「器械」になる。一方、工場などで使う「工業きかい」や、土を耕したりするときに使う「農業きかい」などは**「機械」**。

器械と機械を併せた総称は**「機器」**になる。

でんき（電器／電機）

なんの略語か、大きいか小さいかをチェックしよう

家電メーカーの名称をみても「〇〇電器」や「××電機」などバラつきがある。どちらも電気を利用する道具。社名や店名で使う場合、個々の由来や考え方があるが、基本的な意味の違いは「何の略語か」を読み解くとわかり易くなる。

「電機」とは「電気機械」の略。主に工事現場や工場などで使う大型の機械を指す。「電器」とは「電気器具」の略。電器も電機の一種だが、主に一般家庭で使う小規模な電化製品などを指す。

「器」の字を使った加湿器、炊飯器に限らず、掃除機、洗濯機、冷蔵庫など、身近で大活躍の家電は「機」の字を使うものも電器に含まれる。

迷ったら、大きい機械か、小さい器具かを目安に、シンプルに使い分けを。

こうたい（交代／交替）
「入れかわる」ことにもいろいろある

「こうたい」とは、役目などが**「入れかわる」**こと。

Ａ「ピッチャーのこうたい」

Ｂ「早番と遅番で、警備の担当をこうたい」

のように使い、新聞や放送では表記を「交代」で統一している。「交替」とも書くが、意味はほとんど同じで、一般にはどちらも使えるが、微妙な違いもあり、**「交代」は入れかわりが１回かぎりのとき**（「政権交代」など）。**「交替」は入れかわりが繰り返されるとき**（「交替勤務」など）。に用いられることが多い。シフト勤務のようにかわるがわる働き、確実に次の順番がまわってくるなら「交替」、その他は「交代」と考えれば簡単だ。

野球のピッチャーの入れかえなどは、その場で１回ごとに決められるので、例文の**Ａは「交代」、Ｂは「交替」**が適している。

かわる（変わる／換わる／代わる／替わる）
頭で文字変換しやすくなるちょっとした方法

「かわる」は、英語だと「change（チェンジ）」で、意味は前と後で異なる状態になることだが、日本語は「何がどうかわるか」で四つの表記があり、ちょっと複雑。迷わずに書くコツは、熟語と共に記憶することだ。

「変わる」は「変化（Aというもの自体がBにかわる）」。顔色が変わる、年号が平成から令和に変わる、住所が変わる……などなど。見た目、時間の流れ、場所の移動まで、いちばん用途多彩なのがこの表記だ。

「換わる」は「交換（Aを他のBと取りかえる）」。たとえば「古本をお金に換える」。

「代わる」は「代理・交代（Aの役目をBにうつす）」。たとえば「あいさつに代える」。

「替わる」は「交替（Aを新しいBにかえる）」。たとえば「壁紙を張り替える」。

「変わる」以外は意味が重なる部分も多いが、この要領で覚えていると、脳内での漢字変換がスムーズになる。

きょうどう（共同／協同）
一緒に事を行うのは同じでも、繋がり方が違う

共同経営、共同生活、共同募金……など、「共同」の字を用いたふだん使いの言葉は多い。もう一つ「協同」も同じ「きょうどう」と読み、どちらも「二人以上の人が一緒に事を行う」意味だが、一字違いで何が変わるかというと、

「共同」は複数の人が、一緒に仕事をしたり、同等の資格や条件でかかわること。
「協同」は複数の人が、力を合わせて事を行うこと。

わずかな違いだが、「協同」は「協」の字が示す通り「協力、力を合わせる」という意味合いが強く、代表的な言葉が「協同組合」や「産学協同」など。精神的な結びつきも含め、「一致団結して目的に向かっていく」イメージだ。

たいていは二通りの字が適用できるが、一般によく使われるのが「共同」なので、〝協力〟の意味の強さに応じて使い分けよう。

やわらかい（柔らかい／軟らかい）
力を加えたとき、元に戻るかどうかがポイント

A「このタオル、やわらかい肌触りで気持ちいい」
B「今日のごはん、ちょっとやわらかいね」

など、生活のさまざまなシーンで用いる「やわらかい」。二通りの表記があり、辞書では同一の扱いだが、モノのやわらかさの表現については、次のような違いがある。

「柔らかい」のイメージは「ふわふわっ」。しなやかなやわらかさ。
「軟らかい」のイメージは「ぐにゃ」。手ごたえ（歯ごたえ）のないやわらかさ。

もっと言うと、手で押したとき、ゴムまりのように形がぽーんと戻る弾力性があれば「柔らかい」、これに対し、力を加えると形がくずれて元に戻らないなら「軟らかい」。なので、Aの例文は「柔らかい」、Bは「軟らかい」が○。

モノの感触の表現以外にも、「やわらかな表情」「やわらかい発想」のような使い方があり、これらの表記は一般に「柔らかい」。明確には線引きしづらいが、どちらを使うか迷ったら意味が広い方の「柔らかい」と書くのが無難だ。

せいいく（生育／成育）
植物か動物かで、使い方が微妙に変わる

「子供のせいいくに遊びは不可欠だ」なら**「成育」**。

「宿題で、アサガオのせいいくを観察する」なら**「生育」**。

どちらも「育つこと」だが、それぞれ適した使い方がある。

「生育」は生まれ育つ、生み育てること。主に植物が育つこと。

「成育」は成長し、育つこと、主に動物が育って成熟すること。

使い分けのポイントは二つ。

「生み育てる要素があるか？」ということと、「植物か？　動物か？」ということ。

「生育」は主に植物に対して使うが、「生み育てる」意味なら動物にも使い、「（人の）親が子を生育する」という表現ならOK。一方、「成育」に生み育てる要素はないが、こちらだけ「成熟する」の意味を含み、植物に使うのは適切ではない。

しょくりょう（食料／食糧）
倉庫の中に備蓄した"しょくりょう"の中身は？

同じ「食べ物」でも一字違いでちょっと変わる。その差をひとことで言うと、

「食料」とは食べ物全般のこと。

「食糧」とは主食となる食べ物（米や麦などの穀物）のこと。

「食料」は、穀類から肉、魚、野菜、果物など広い範囲でとらえた食べ物。「食糧」は穀物のみに限定した食べ物、ということになる。

食糧の「糧《かて》」の字は「蓄えておく食べ物（携帯食）」や「生きていくための資源」といった意味があり、貧困地域への支援や災害時用に備蓄する食べ物を指すときは「食糧」と書くケースが多い。つまり、「冷蔵庫の中のしょくりょうが少なくなってきた」なら「食料」、「防災の日、倉庫の中のしょくりょうをチェックする」なら、備蓄した「しょくりょう」の内容に応じて「食料」か「食糧」かを使い分ければいい。

はいふ（配付／配布）
配るのは不特定多数の人？　関係者一人づつ？

何かを配ることをあらわす「はいふ」も、改めて書き方を問われると迷いやすい。使い分けのポイントは、誰に、何を、どのように渡すか？

二通りの書き方のうち、「配布」の「布」には「広範囲に行き渡らせる」という意味が、「配付」の「付」には「手で渡す」といった意味があり、

「配布」は不特定多数の人に、広く行き渡るように配る。

「配付」は関係者めいめいに、確実に行き渡るように配る。

という違いが生まれる。つまり、

「通行人に新装オープンの店のチラシをはいふする」なら「配布」。

「今日のセミナーの資料を、参加者全員にはいふする」なら「配付」。

のような使い分けが正しい。

ととのえる（整える／調える）
「熟語」と関連づけて考える

Ａ「机の上の書類をととのえてきれいにする」（かたづけるとき）
Ｂ「明日の会議に必要な書類をととのえる」（用意するとき）

のように、同じ「書類をととのえる」でも、状況によって表記が変わる。

正解は、Ａが「整える」、Ｂが「調える」だ。

「整える」とは、きちんとすること、乱れた所をなおすこと。

「調える」とは、必要なものを揃えること、うまくまとめること。

使い分けのコツは「整」と「調」のつく熟語と関連づけながら、

「整理、整頓、整列、整備」などに関係する内容は「整える」。

「調和、調律、調達、調理」などに関係する内容は「調える」。

……のように考えると、「体調をととのえる」は体の整備だから「整える」、「味をととのえる」は調理との関係から「調える」と判断できる。

とり（鳥／鶏）
どちらの字をあてるかで、示す範囲が変わる

同じ「とり」でも、どの字をあてるかで示す範囲が変わる。

「鳥」は鳥類のすべて。スズメもカラスも鷲もニワトリも、みんな鳥。どの鳥も、親が卵を産んであたため、羽化させるという点は同じだ。一方、**「鶏」はニワトリを指し、食肉として、また、鳥の一種の生き物としてのニワトリの両方の意味を含む。**鶏ささみ、鶏カツ、鶏肉ミンチなど料理でもお馴染みの字だ。

つまり、鶏は鳥でもあるが、スズメやカラスは鳥であっても鶏ではない。このことは多くの日本人が知っている一般常識レベル。ところで、「焼きとり」の「とり」の字は「鳥」で「焼き鶏」とは書かない。すでに触れた通り、鳥以外の動物の肉が使われることもあるからだ。

せいさく（制作／製作）

「何をつくるのか」考えるのが一番早い

「壁画のせいさくに没頭する」なら「制作」。

「新時代の医療機器をせいさくする」なら「製作」。

これが、正しい書き方。使い分けのポイントは「何をつくるか？」だ。

「制作」とは絵画や工芸品など芸術的なものをつくること。

「製作」とは機械や道具を用いて実用的なものを大量につくること。

つまり、せいさくの対象が芸術作品か、精密機械などの工業品かの違い。

注意したいのは、同じ芸術作品の「せいさく」でも、どの工程にかかわるかで呼び方が変わること。作品そのものをつくる人なら**「制作者」**、資金調達や宣伝などのプロデュースを手掛ける人なら（作品も商品、つまり「物」になるので）**「製作者」**になる。この微妙な違いを理解していると、さっと判別できる。

はね（羽／羽根）
飛ぶための器官か、抜け落ちた後のものか

「はね」の主な表記は、一文字の「羽」と、「根」の字を加えた「羽根」の二通り。

普段は何となく使い分けているが、違いを簡単に言うと、

「羽」は鳥や昆虫が飛ぶために広げて使うところ。

「羽根」は抜け落ちて1本ずつになったはね。またその形を模したもの（羽根ペン、羽根つきの羽根、バドミントンのシャトルも「羽根」と呼ぶ）。

つまり、胴体にくっついた翼（一対になったはね）を指すなら「羽」、バラバラの形状になったはねを指すなら「羽根」が適切。この書き方ルールがわかると、

「クジャクが美しいはねを広げた」なら**「羽」**。

「駅前で赤いはねの募金をした」なら**「羽根」**。

と使い分けできる。飛行機の翼も空を飛ぶための「羽」だし、比喩的に「はねを伸ばす」と言うときも「羽」。一方、翼状でないはねに関しては、すべて「羽根」だ。

まち（町／街）

「街」以外はすべて「町」とシンプルに考える

「このまちは」、「このまちなみは……」など、日常的によく使う「まち」。漢字で書くと「町」と「街」の二通りが使えるが、どちらがピタッとはまるかは、その「まち」の状況次第だ。

「町」とは多くの家々が密集している地域、つまり都会のこと。

「街」とは町の中でも、商店などが立ち並ぶ賑やかな道や場所のこと。

英語で言うと「町」は「city」や「town」、街は「street」といったところ。「街」は「町」の中にあるので、どちらの表記でも誤りではないが、より正確に使い分けるポイントは**「『街』以外は、すべて『町』と書く」**こと。

「商店街」や「学生街」と呼ばれるところは、正真正銘の「街」だが、どちらか迷ったら「町」と書けばＯＫ。これですっきり！

さい（歳／才）
略式として「才」が一般化していった理由

年齢をあらわす二通りの表記だが、結論から言うと、どちらでも正解。ただし、二つの字は明らかに違う。まず大きく異なるのが画数。「才」は三画で「歳」は十三画。そしてなんと、言葉の意味も実はまったく違う。

「歳」の字は年齢、年月をあらわす。
「才」の字は生まれつき備わった能力などをあらわす。

そう、「才能、天才」の「才」は、もともと年齢をあらわす言葉ではない。だが「歳」の画数が多いため、代わりに簡単に書ける「才」が略式として一般化していった。これこそが、二通りの字が使われている理由なのだ。

教育の現場でも、小学校低学年でまず習うのが「才」だし、文化庁も年齢をあらわす場合のみ「才」の代用を認めている。そこで大人も堂々と使えるが、公用文などは、「歳」をきちんと使うのがベターだ。

ねんれい（年齢／年令）
どちらを使っても間違いではないが……

「ねんれい」をあらわす二通りの表記も、「歳と才」の関係とよく似ている。どちらも正解だが、本来の使い方として正しいのは「年齢」の方だ。

「ねんれい」とは、「生まれてから経過した年数」のことだが、「年令」にはそのような意味はない。

「齢」は「とし、年齢」。つまり、そのものずばり。

「令」は「命令、命ずること」。

この通り、「令」はもともと「とし」をあらわす字ではないが、「齢」の字が複雑なので、同じ発音の「令」が略式で使われるようになった。画数の少ない「年令」は早くラクに書けるが、真の意味を含む「年齢」を使うとより丁寧な印象になる。

とし（年／歳）
「年齢を重ねる」という表現にふさわしいのは？

年齢が増えて行くことを「としをとる」と言う。

「私も、もうとしだから」「としとったなぁ……」

など、日常的によく使われるが、表記に迷うことはないだろうか？

年齢をあらわす文字は、前述の通り「才」や「年令」など〝意味の異なる略式〟が一般に使われているが、「とし」の場合はちょっと違う。

「歳」は「とし・さい」と読み、年齢や年月の経過をあらわす。

「年」は「とし・ねん」と読み、やはり年齢や年数などをあらわす。

つまり、「歳を取る」でも、「年を取る」でも、「年齢、年月を重ねる」意味になり、どちらも真に正しい日本語と言える。ただし、「歳＝とし」の訓読みは常用漢字表に表記がないため、公文書や新聞などでは、この読みは使えない。きちんとした文書なら、あえて「年を取る」と記すことも大人の選択肢として覚えておこう。

じゃっかん（弱冠／若干）

読みは同じでも、意味ははっきり違う

A「じゃっかん二十一歳で大会連覇の快挙を達成！」

B「CさんよりDさんの方がじゃっかん背が高い」

それぞれの文例に該当する漢字は、Aが「弱冠」でBが「若干」。

「弱冠」とは年齢が若い、二〇歳くらいの男子のこと。

「若干」とは少しばかり、それほど多くないこと。

読みは同じでも、意味ははっきり違う。「弱冠」は、古代中国で二十歳を「弱」といい、冠をかぶって元服したことに由来するが、今は歳を限定せず、何かを成し遂げるうえで年齢が若いときの形容によく使われる。対象は一〇代後半から二〇代までの男子だが、「若い」から連想して「若干〇歳」と書き間違えやすいので注意。

「若干」の数もあいまいだが「多くても一桁の数」と認識していれば間違いない。

からだ（体／身体）
肉体そのものを指す？　心もふくめた意味？

「おからだを大切に」など、メールの文面でも度々使う言葉が「からだ」。
表記は二通りあるが、**基本の意味は同じなので「体」と「身体」のどちらでも使える。**ただし、示す範囲に微妙な違いも。

「体」とは人や動物などの頭や胴、手足など、すべてを含む全身。

「身体」とは人のからだのすべて、心や精神などの内面を含む意味もある。

つまり、使い分けのポイントは2点。

肉体としてのからだなら「体」、肉体と内面を併せた心身なら「身体」を使う。

「身体」の使用は人に限られる（「飼い犬の身体」のような表現は×）。

先の例文なら、単にからだの具合を気遣うなら「お体を大切に」、心身両面を気遣うなら「お身体を大切に」と使い分ければいい。また、常用漢字では「からだ」といえば「体」を指し、「身体」の表記の読みは「しんたい」なので、正式な文章で「からだ」と書くときは「体」の表記が適切だ。

しょうしゅう（召集／招集）

社内会議の呼びかけに使ってはいけない字は？

たとえば、急ぎの案件で「緊急の理事会を召集します」のような一斉メールを関係者に送ったら？　それは恥ずべき失礼な行為になりかねない。

「しょうしゅう」は「人を呼び出して集める」とき使い、よく似た二通りの表記があるが、意味の違いから、慎重に使い分ける必要がある。

まず「召集」は本来は天皇が人を呼び集めること。

戦争時には「国民兵の召集」のように用いられた。今は身分や地位の高い人が使うことがあっても使用は限られる。たとえば「国会のしょうしゅう」は、天皇の国事行為にあたるので「召集」を使う。

一方の「招集」は上下関係を気にせずどんな立場の人にも一般的に使える。

そこで、「緊急会議のしょうしゅう」なら「招集」と書くのが正しい。他に、地方議会、自衛隊、株主総会などの「しょうしゅう」もすべて「招集」でＯＫ。自分より目上の人に集合をかけるとき、うっかりの一字違いにはくれぐれも注意。

たまご（玉子／卵）

生玉子より生卵の方がふさわしいワケ

A「なまたまご」　B「ゆでたまご」　C「たまごやき」

それぞれの表記について「卵」か「玉子」かで迷ったことはないだろうか？

「絶対コレ」というルールはないが、**Aの「なまたまご」は「生卵」が適切で、Bは「ゆで卵」と「ゆで玉子」、Cは「卵焼き」と「玉子焼き」のどちらでも普通に使える。**

調理しない生の状態のたまごは「卵」。

鳥類（特にニワトリ）のたまごを調理して使うときは「玉子」。

これが一般的な認識で、「卵」は生物学的な見地から鳥類、魚や虫も含めた「たまご」を指す。一方、「玉子」は主に調理された鶏のたまごに対して使われるが、調理に関係なく「玉子」「卵」の両方が使われることも多く、厳密には決められない。

魚の「シャケのたまご」を「玉子」と書くのは明らかに誤用で「卵」が○だ。

かわ（川／河）

「川」と「河」は、その大きさで使い分ける

「かわ」とは、雨水や雪などの「自然の水」が流れるところ。その表記で一般に広く使われるのが「川」だが、「河」とも書く。違いをいちばん簡単に言うと、

「川」は小さな川。

「河」は大きな川。

つまり、「大きさ」の違いだ。ただし「川」は、川全般を指す言葉でもあり、近所の公園を流れる小さな川から、大き目の川までをすべて「川」と記しても間違いではない。どちらか迷ったら「川」を選べばいいわけだ。

「大河」や「銀河」というように、スケールの大きい「かわ」の雰囲気をあえて伝えたいときは、「雄大な河」のように用いると効果的だ。

ふとる（太る／肥る）
増量したのはおもに脂肪か、それとも筋肉か

A「甘い物を食べ過ぎて、3kgふとっちゃった」

B「筋トレの効果で筋肉がふとったよ」

など、体重が増えたり、逞しく成長したときに使う言葉が「ふとる」。

表記の使い分けは明確ではないが、「増えた部位が脂肪なのか、筋肉なのか？」がポイントになる。具体的には、

脂肪と筋肉、どちらが増えたときも使えるのが「太る」。

脂肪が増えたとき（肥満）に特化して使うのが「肥る」。

つまり、例文のAは「太る」か「肥る」、Bは「太る」が○。

ただし、常用漢字表を見ると「ふとる」と読ませる漢字は「太る」だけで、「肥る」は常用外。そのため、公文書やテストの答案なら「太る」を使うのが基本だ。

「汁はなめる」「渋い味覚は味わう」と覚える

くじゅう（苦渋／苦汁）

「試合に負けてくじゅうをなめる思いだった」は「苦汁」。
「人生のくじゅうを嫌というほど味わう」は「苦渋」。

同じ「くじゅう」でも、いざ書こうとするとつまずきやすい。意味はどちらも「つらさや苦しみ」のことだが、一字の微妙な違いが使い分けのカギを握っている。

「苦汁」は、字のまんま、苦い汁を飲んだような過去の経験をあらわし、「汁」なので「なめる、飲む」とリンクさせて使うことが多い。

一方の「苦渋」は、苦くて渋い内面（心の状態）をあらわし、「渋い」は味覚なので「味わう」とリンクさせて使うことが多い。まとめると、

「苦汁」は苦い経験なので「なめる」。
「苦渋」は苦い心なので「味わう」。

では政治家などもよく使う「くじゅうの決断」の表記は？　この場合は、そのときの心の状態なので「苦渋」が○。これがわかれば使い分けはうまくいく。

じゅうぶん（十分／充分）
その満足感は数値化できるか、できないか

何も不足がなく、満ちたりているときに使う「じゅうぶん」。本来の表記は「十分」。「充分」は当て字で、どちらも同じ意味の言葉として使えるが、辞書には載っていない、ちょっとした使い分け方のコツもある。

「十分」は数字の「十」が示すように、数や量が満たされ、他者が見てもそれが客観的にわかるときに使う。

「充分」は「充＝満ちたりる」ことで、精神的に満たされ、本人だけがそれを主観的に感じたときに使う。

数値化できる満足は「十分」、感覚的で数値化しづらい満足は「充分」でOK。

「今月はじゅうぶんな売り上げがあった」なら「十分」を、「気持ちがわかっただけでじゅうぶん」なら「充分」と書けば、適切に伝わりやすい。

どちらか迷ったときや、公文書などは「十分」を使うことが基本だ。

つくる（作る／造る／創る）
規模の大きさと形のある・なしで選ぶのがコツ

人は、生活の中で「つくる＝何かを生み出す」行為を繰り返している。表記は、「料理をつくる」、「資料をつくる」、「ルールをつくる」などは「作る」。「家をつくる」、「橋をつくる」、「森をつくる」、などは「造る」。

書き方は主に二通りで、使い分けルールは明解。

小さいものや、形のないものをつくるときは「作る」。**大きくて形あるものをつくる、工業生産するときは「造る」**。

つまり**「モノの大小」**と**「形の有無」**が目安で、一般によく使うのは「作る」の方。

では、毎日の料理に欠かせない「味噌・しょうゆ・酢」などはどちらの「つくる」？　答えは二通りで、「醸造・製造」という言葉が示す通り、**モノ自体は小さくても製造の規模が大きければ「造る」**、**家庭で味噌などをつくる場合は「作る」が適切だ。**もう一つ**「創る」**もあるが、この漢字は常用外。公用文などには使わないが、前例のないものをつくることを強調するときなどに用いると効果的だ。

Column4

つまずく敬語

1秒で「大人の日本語」に変換する方法

◆丁寧に言ったつもりが、ちぐはぐになりやすい「敬語」

社会人ビギナーにかぎらず、ベテランでもつい使ってしまう未熟な言い回しを、ここでチェック。相手を敬う気持ちを正しく伝えることは、ビジネスはもちろん、人間関係を円滑にする基本だ。

×「おっしゃられる」→○「おっしゃる」

「二重敬語」のよくある事例。「言う」の敬語は「おっしゃる」または「言われる」。この二つが混ざったのが「おっしゃられる」。「○○部長がおっしゃられましたが」のように言うと、残念……、上司を敬う気持ちも裏目に出てしまう。「敬語は一つ」をモットーに、すっきり言おう。

以下の二重敬語も、尊敬語の「れる」をカットすれば正しい言い方になる。

×「お話になられる」→○「お話になる」

×「お帰りになられる」→○「お帰りになる」

×「ご覧になられる」→○「ご覧になる」

×「ご苦労さまです」→○「お疲れさまです」

「ご苦労さま」は、主君が家来へのねぎらいとして使った「ご苦労であった」が転じた言い回し。目上の人が労をねぎらうときに使うので、上司に向かって「外回りご苦労さま」のように言うのはNG。

×「(いつも)お世話さまです」→○「(いつも)お世話になっております」

「お世話さま」は敬意が軽く、「お世話さま＝ご苦労さま」の意味合いもあるため、目上の人や取引先へのメールで「先日はお世話さまでした」、職場で電話を受けて「いつもお世話さまです」のように言うのは×。ただし、軽くお礼をしたり、労をねぎらうのに適した言葉なので、荷物を届けてくれた配送業の人などに「お世話さまです」というのは○。

△「了解しました」→○「承知いたしました」「かしこまりました」

「了解しました」はフランクな表現なので、ビジネスの場で多用していたら注意。「了解いたしました」にすればOKという意見もあるが、目上の人に対しては慎重に言葉を選び、「承知いたしました」などを使うのが無難だ。

△「とんでもございません」→○「とんでもないです」

「とんでもない」で一つの単語なので、「ない」を「ございません」に変えるのは、本来、誤り。これは「あぶない」「きたない」を二つに分けられないのと同じ理屈だ。単語をくずさず、「いいえ、とんでもないです（ないことです）」が基本。

×「お名前をちょうだいできますか？」

↓○「お名前をうかがってもよろしいでしょうか？」

「頂戴する」は「もらう」の謙譲語で、「あなたの名前をもらえますか？」と言っているのと同じ。「名刺を頂戴できますか？」は○でも、名前はモノのようにあげたりもらったりできない。「うかがう」などの謙譲語を使って改めよう。

さらに、「恐れ入りますが（差し支えなければ）お名前をうかがってもよろしいでしょうか？」のように言えば印象がよくなる。

×「（資料を）ご持参ください」↓○「お持ちになってください」

「持参」は謙譲語なので自分をへりくだるとき使い、相手に対しては使えない。

×「参考になりました」↓○「勉強になりました」

「参考」は「自分の考えを決める際の足しにする」という意味合いなので、目上の人には「大変勉強になり」のように言うのが正しい。

×「（お客様を）お連れしました」↓○「ご案内いたしました」

「お連れしました」だと、お客様ではなく報告する相手に対して敬意を払っていることに。「お見えになりました」などでもＯＫ。

×「一緒に参りましょう」↓○「お供いたします」「ご案内いたします」

「参る」は謙譲語なので、誘った相手も一緒にへりくだる表現になる。

「どこへ参られますか？」「○○様が参られています」なども「参る」を相手に使ってしまっている例。どこへ行くか確認する際は「いらっしゃいますか？」「行かれますか？」のように言うのが正解。

×「休みをいただいております」↓○「休みをとっております」

「いただく」はもらう人を低め、くれる人を高める謙譲の言葉。外部の人にうっかり使うと、休みを許可した自社や上司を高める表現になってしまう。

■参考文献

『NHKアナウンサーも悩む　間違いやすい日本語1000』(NHKアナウンス室編/NHK出版)
『ビミョーな違いがわかる　コトバ辞典』(森田良行著/三省堂)
『似たもの言葉のウソ!　ホント?』(梅津正樹著/東京書籍)
『勘違い慣用表現の辞典』(西谷裕子編/東京堂出版)
『まちがいやすい　同音語使い方の読本』(尚学図書編/小学館)
『漢字で意味が変わる　ビミョ〜な日本語』(和田みちこ著/スリーエーネットワーク)
『NHKますます気になることば　見とく知っとくナットク!』(NHKアナウンス室編/東京書籍)
『乱れているか?　テレビの言葉　新日本語の現場　第2集』(橋本五郎監修、読売新聞新日本語取材班著/中央公論新社)
『熟練校閲者が教える　間違えやすい日本語実例集』(講談社校閲部/講談社)
『語彙力がないまま社会人になってしまった人へ』(山口謠司著/ワニブックス)
『仕事ですぐ使える　スゴイ!　語彙力』(大人の言葉研究会編/永岡書店)
ほか、関連のウェブサイトを参考にさせていただきました。

青春文庫

日本人《にほんじん》の9割《わり》がつまずく日本語《にほんご》

理由《りゆう》がわかると迷《まよ》いが消《き》える

2020年2月20日　第1刷

編　者　話題《わだい》の達人《たつじん》倶楽部《くらぶ》

発行者　小澤源太郎

責任編集　株式会社プライム涌光

発行所　株式会社青春出版社

〒162-0056　東京都新宿区若松町 12-1
電話 03-3203-2850（編集部）
03-3207-1916（営業部）
振替番号　00190-7-98602

印刷／大日本印刷
製本／ナショナル製本
ISBN 978-4-413-09747-5

逆境を生き抜く
「打たれ強さ」の秘密
タフな心をつくるメンタル・トレーニング
岡本正善
ビジネス、スポーツ、人間関係…
あらゆる場面で、人を恐れず
ストレスフリーに生きるために。
(SE-736)

心をピッカピカにする
おそうじ言葉
まず、3日間だけ続けてみてください
星まゆ美
人生が輝き出す「おそうじ言葉」と
心をよどませる「散らかし言葉」。
あなたはどちらで生きていきますか?
(SE-737)

話す・読む・書く
1秒で語彙力
話題の達人倶楽部[編]
〝その瞬間〟に必要な言葉が降りてくる!
幼稚な日本語を大人の日本語に、日常の言葉を
仕事の言葉に変えるコツを網羅した決定版!
(SE-738)

「一生メシが食える子」が育つ
お母さんの60のルール
高濱正伸
「答えを出す勉強だけではメシは食えない!」
メディアで人気のカリスマ塾講師が、
お母さんのための60のルールを伝授。
(SE-739)

ほんとうのあなたに出逢う　青春文庫

自分のまわりにいいことがいっぱい起こる本

「幸運」は偶然ではありません！

原田真裕美

自分の魂の声に耳を澄ましていますか？ＮＹで予約の取れない人気サイキック・カウンセラーがお伝えする、自分で自分を幸せにする方法

(SE-740)

超ラク！速ワザ！エクセルの一発解決術

きたみあきこ

基本入力から関数までをカバー
自分史上最速で仕事が終わるエクセル技を伝授します！

(SE-741)

日本人なら知っておきたい美しい四季の言葉

復本一郎

「桜狩」「山笑う」「蚊遣火」「草いきれ」「風薫る」「ふくら雀」「沫雪」…なんて豊かな表現なんだろう

(SE-742)

図説 裏を知るとよくわかる！日本の昔話

徳田和夫［監修］

「桃太郎」「猿蟹合戦」「浦島太郎」…誰もが知ってる物語に驚きの発見が続々。なるほど、本当はこんな話だったのか！

(SE-743)

ほんとうのあなたに出逢う ◆ 青春文庫

ワンランク品のよくなる英会話

田村明子

レストランで、高級ブティックで…
どんな場でも心地よく話せる
エレガントな言い回し、社交術が身につく！

(SE-744)

「続けられる人」だけが人生を変えられる

大平信孝

英語勉強、筋トレ、早起き、毎日読書…、やると決意したけど続けられない人が、「見る」「動く」「書く」だけで、続けられる人になる。

(SE-745)

ひとりでいる時に幸せの神様はやってくる！

運がよくなる☆奇跡が起こる！ 心の習慣

佳川奈未

あなたのすべては守られている！
誰にも邪魔されない静けさの中、
運命の扉は開かれる♪

(SE-746)

日本人の9割がつまずく日本語

理由がわかると迷いが消える

話題の達人倶楽部［編］

できる人は、言葉のツボをおさえている。
暫時と漸次、姑息と卑怯、関東と首都圏…
悩ましい〝日本語の壁〟を超える本

(SE-747)